CB056240

SÉRIE GESTÃO PÚBLICA

DIALÓGICA

EDITORA
intersaberes

O selo DIALÓGICA da Editora InterSaberes faz referência às publicações que privilegiam uma linguagem na qual o autor dialoga com o leitor por meio de recursos textuais e visuais, o que torna o conteúdo muito mais dinâmico. São livros que criam um ambiente de interação com o leitor – seu universo cultural, social e de elaboração de conhecimentos –, possibilitando um real processo de interlocução para que a comunicação se efetive.

Ética na gestão pública
Zita Ana Lago Rodrigues

EDITORA intersaberes

Av. Vicente Machado, 317 • 14º andar
Centro • CEP 80420-010 • Curitiba • PR • Brasil
Fone: (41) 2103-7306
www.editoraintersaberes.com.br
editora@editoraintersaberes.com.br

conselho editorial •	Dr. Ivo José Both (presidente)
	Dr.ª Elena Godoy
	Dr. Nelson Luís Dias
	Dr. Neri dos Santos
	Dr. Ulf Gregor Baranow
editor-chefe •	Lindsay Azambuja
editor-assistente •	Ariadne Nunes Wenger
design de capa •	Luana Machado Amaro
imagens da capa •	ziviani, Eugene Sergeev e AlexandrBognat/Shutterstock
fotografias e projeto gráfico •	Raphael Bernadelli
diagramação •	Fabiola Penso
preparação de originais •	Masterpress
iconografia •	Regina Cláudia Cruz Prestes

Dados Internacionais de Catalogação na Publicação (CIP)
(Câmara Brasileira do Livro, SP, Brasil)

✦ ✦ ✦

Rodrigues, Zita Ana Lago
   Ética na gestão pública/Zita Ana Lago Rodrigues.
Curitiba: InterSaberes, 2016. (Série Gestão Pública)

   Bibliografia.
   ISBN 978-85-5972-094-5

   1. Administração pública – Aspectos morais e éticos
I. Título. II. Série.

16-04489   CDD-172.2

✦ ✦ ✦

Índices para catálogo sistemático:
1. Administração pública: Ética 172.2

1ª edição, 2016.

Foi feito o depósito legal.

Informamos que é de inteira responsabilidade da autora a emissão de conceitos.

Nenhuma parte desta publicação poderá ser reproduzida por qualquer meio ou forma sem a prévia autorização da Editora InterSaberes.

A violação dos direitos autorais é crime estabelecido na Lei n. 9.610/1998 e punido pelo art. 184 do Código Penal.

✦ ✦ ✦

Sumário

Epígrafe, x

Prefácio, xii

Apresentação, xvi

Como aproveitar ao máximo este livro, xxii

capítulo um   **Conceitos básicos de ética, moral e moralidade, 28**

    1.1   Ética, moral e moralidade, 30

    1.2   A questão da historicidade da ética, da moral e da moralidade, 43

capítulo dois   **A experiência ético-moral e os diferentes modos de ver a ética, 54**

    2.1   Ética na Antiguidade Clássica, 56

    2.2   Ética na Idade Média, 69

    2.3   Ética no Renascimento, 72

    2.4   Ética no mundo moderno, 75

capítulo três   **Diferentes critérios éticos no mundo contemporâneo, 96**

    3.1   Aspectos gerais, 98

	3.2	Ética existencialista, 101
	3.3	Ética da ação comunicativa, 107
	3.4	Ética da alteridade e da transcendência religiosa, 110
	3.5	Ética responsabilizante da civilização tecnológica, 112
	3.6	Teoria ética da justiça, 115
capítulo quatro		**A gestão pública e os desafios diferenciados da ética – mais além da visão instrumental, 128**
	4.1	Ética e cidadania na gestão pública, 130
	4.2	A ética em ação e os princípios éticos da gestão pública – alguns conceitos necessários, 134
	4.3	Moralidade pública e administrativa e a questão da transparência no setor público, 154
	4.4	Lei n. 12.527/2011 – aspectos ético-morais e as relações com o Programa Brasil Transparente, 161
	4.5	A nova gestão pública, 170
capítulo cinco		**Ética, responsabilidade social, governança e sustentabilidade – uma agenda contemporânea, 182**
	5.1	O impacto das teorias éticas sobre a gestão pública, 184
	5.2	Desafios éticos da responsabilidade social, das novas formas de governança e da sustentabilidade global no período contemporâneo, 190

Para concluir..., 204

Referências, 207

Respostas, 215

Sobre a autora, 221

✦ ✦ ✦

Epígrafe

"Mais uma vez se encontram os extremos pela ação corrosiva das hipertrofias e dos posicionamentos unilaterais. Tanto na vida das ideias, como no jogo dos sentimentos e dos atos sociais. O difícil é não confundir o equilíbrio dos contrários ou dos analogados com a mediocridade, o ecletismo com os diletantismos. É tão difícil manejar as ideias como pensar com as mãos!"

(Tristão de Athayde, 1974, citado por Corbisier, 1978, p. 13)

Prefácio

Por si só, a ética é um tema de extrema relevância na atualidade, sendo de interesse de toda a coletividade, principalmente porque, de imediato, costuma ser associada às práticas da moral que, de algum modo, remetem novamente à necessidade de refletir sobre a legitimidade, a validade e a conformidade da ética, levando-se em conta os contextos sociopolíticos.

Os termos *ética*, *moral* e *moralidade* abrangem diferentes conceitos, que serão esclarecidos nesta obra. Como você terá a oportunidade de ver nas páginas seguintes, a ética é uma ciência reflexiva sobre o agir humano, sob o ponto de vista da moral (Vázquez, 1986). Já a moral se refre ao conjunto de princípios e normas de determinada sociedade ou cultura. A moralidade, por sua vez, consiste na qualidade da ação prática do sujeito com relação aos princípios e normas morais vigentes.

A ética está presente em todos os ambientes e situações profissionais. Nesta obra, é analisada a relação entre a ética e a gestão pública, assim como a diversidade e a aplicabilidade dos conceitos de ética nesse complexo campo da ação humana.

O cotidiano vivencial demonstra que, na história da sociedade, a tecnologia e a ciência são agentes transformadores das ações humanas. Considerando isso, a autora busca descrever a evolução e o desenvolvimento do pensamento ético ao abordar a questão da ética nos diversos períodos da história da humanidade, desde a Antiguidade Clássica aos tempos contemporâneos.

No tratamento do assunto deste livro, ganham destaque os princípios da administração pública previstos no art. 37 da Constituição Federal de 1988 (Brasil, 1988), quais sejam, legalidade, impessoalidade, moralidade, publicidade e eficiência, os quais devem estar na base do monitoramento dessa instância administrativa. Tais princípios, associados aos demais conceitos examinados nesta obra, constituem-se em excelentes diretrizes para a atuação dos profissionais da área e têm o condão de conferir sustentação ética e legal às ações dos gestores públicos.

O texto contempla, ainda, questões relacionadas à ética e à responsabilidade social que, aliadas à discussão de temas como governança e sustentabilidade, demonstram a relevância do comportamento ético dos governantes e dos demais gestores públicos.

Com isso, podemos afirmar que a peculiaridade desta publicação está na forma como o assunto central é conduzido, com incursões em conceitos históricos e reflexões sobre a ética e sua aplicabilidade na área da gestão pública, sobre a qual se propõem questionamentos necessários a um melhor entendimento da atuação do gestor público em prol da boa governança e dos benefícios aos seus governados.

Esta obra foi escrita com base nas experiências profissionais da autora, em especial em órgãos públicos, bem como na gama de conhecimentos adquiridos sobre a ética nos vários campos da ação humana, configurando-se assim, o perfil exigido para a abordagem de um tema tão complexo. Certamente, os conceitos apresentados podem contribuir para o aprofundamento dos conhecimentos dos leitores sobre a temática, independentemente de sua área de atuação.

Desse modo, fazemos votos de que esta obra seja lida quantas vezes forem necessárias até que dela seja extraído o entendimento essencial acerca dos pressupostos éticos adequados ao aprimoramento da gestão pública contemporânea, em suas consequências diretamente relacionadas com a construção e o exercício de uma cidadania ativa.

O tema é presente. Estudá-lo e compreendê-lo é primordial na realidade contemporânea. E a vivência das premissas ético-morais na ação e na gestão pública é, a cada dia, mais urgente!

Débora Veneral
Professora, gestora, advogada e
doutora em Ciências Jurídicas.

Apresentação

É certo que a temática sobre a qual versa o presente livro é bastante controversa quando se trata do universo da gestão pública, especialmente no atual momento vivido em nosso país. Cientes de tal fato, a motivação para a elaboração desta obra foi ainda maior e levou-nos a relacioná-la com uma necessidade que, entendemos, é premente. Tratar da questão da ética na gestão pública, para muitos, pode parecer tarefa impossível, porém, sem dúvida, para muitos mais, é tarefa urgente e necessária.

Assim, dedicamo-nos a ela com afinco e com a consciência de que é possível apresentar aos interessados no assunto enfoques condizentes com essa mesma premência e necessidade, de modo a abordar adequadamente aquilo que nos angustia, nos desafia e nos desacomoda.

Objetivando refletir sobre as funções e os propósitos da ética na vida em sociedade, no primeiro capítulo, analisamos os conceitos referentes à ética, à moral e à moralidade, os quais, embora se apresentem em diferentes nuances, encerram pontos convergentes, pois são históricos, culturais e parte intrínseca das diferentes etapas da vida em sociedade. Tais conceitos, ainda que diversos, aproximam-se e caracterizam-se pelos diferentes modos de entendimento em cada sociedade, cultura ou grupo social, conforme as características organizacionais que os definem.

Em nossa análise, buscamos esclarecer o espaço de ação de cada um desses três conceitos em suas relações com a ação na vida social e as práticas da gestão pública no contexto da sociedade brasileira. Esse exame conceitual demonstra que os conceitos de ética e moral são muitos e diversos e que, apesar de terem seu sentido etimológico relacionado ao *ethos* grego, não se confundem, mas se articulam, revelando dinâmicas próprias tanto no campo da reflexão filosófica (a ética) quanto no campo da ação normativa (a moral) e no campo da vida prática e vivencial (a moralidade).

Ampliando as reflexões iniciais, no segundo capítulo, analisamos os diferentes modos de ver a ética e as experiências ético-morais ao longo da história, abrangendo desde a Antiguidade Clássica, a Idade Média e o Renascimento até o período moderno. Nesse fluxo histórico de aproximação com valores cambiantes e com constructos morais emergentes, destacamos que, na sociedade moderna, delineiam-se os contornos de novas formas de organização social, política e econômica, com fortes impactos na vida em sociedade e na gestão dos negócios que envolvem as questões de interesse público.

O otimismo radical burguês, embasado no mecanicismo materialista, ao elevar a racionalidade humana à condição de fator fundante das decisões e das ações individuais e sociais, coloca o *Homo faber* ("homem produtivo") no centro das discussões da vida em sociedade, em que a política e a economia passam a ser pontos centrais nas formas de pensar, fazer e produzir da burguesia capitalista emergente. Essas novas formas de agir e pensar alteram substancialmente os modos de organização social e política, com impactos significativos sobre os valores de base da sociedade e os princípios que a regem, modificando-a em seus aspectos organizacionais, de desenvolvimento, de progresso e de moralidade, seja nos espaços privados, seja nos espaços da vida pública.

Avançando na senda histórica, conforme a opção adotada na organização da obra, no terceiro capítulo, examinamos os diferentes critérios éticos no mundo contemporâneo e os definimos em seus pontos constitutivos. Com base na apresentação dos conceitos-chave propostos por vários autores e pensadores que se debruçaram sobre a questão ética, descrevemos os princípios da ética existencialista, da ética da ação comunicativa, da ética da alteridade e da transcendência religiosa, da ética responsabilizante da civilização tecnológica e da teoria ética da justiça, com uma breve análise de suas complexas premissas de legitimação e justificação. Dessa maneira, respeitando a diversidade de conceitos que tomamos como objeto de estudo, identificamos os principais constructos éticos formalizados no período contemporâneo, que podem constituir-se nas bases para a ação dos homens que atuam na gestão da vida pública, possibilitando-lhes formar um entendimento mais preciso no que se refere à frágil tessitura societária deste nosso período multifacetado e controverso – a contemporaneidade.

Nesse capítulo, buscamos refletir sobre a renovação contemporânea dos princípios éticos clássicos, que pressupõe o questionamento sobre os princípios religiosos; sobre a força afirmativa da vida humana e da realidade; sobre as questões ligadas à responsabilidade, à liberdade, à igualdade e à diferença; sobre a autodeterminação dos sujeitos e o respeito à vida; e, ainda, sobre os valores da ciência, da civilização tecnológica e dos fenômenos decorrentes na vida de todos e de cada um.

Esses questionamentos se acentuam diante das crises que se institucionalizam e se sucedem neste início de milênio, em associação com os riscos e os perigos que rondam a civilização humana advindos dos problemas causados pela celeridade dos avanços da ciência e das tecnologias, e da globalização econômica em seus paradoxos e contradições, que vêm fazendo aumentar o número dos excluídos do processo societário. A fome, a miséria, a crise ecológica, a violência, as migrações constantes e desumanas, os riscos da não subsistência dos recursos naturais comprometem a sobrevivência das pessoas e colocam em xeque a racionalidade científica e suas premissas determinísticas. Diante dessas problemáticas, vale questionar os valores que sustentam essas formas de organização social, política e econômica e seus efeitos na vida dos sujeitos, das sociedades e das organizações, em especial daquelas que se apresentam como responsáveis pela gestão da vida pública, na pólis contemporânea.

Tendo em vista ir além das visões instrumentais e técnicas que permeiam a sociedade contemporânea e entendendo a importância da vivência de princípios e valores ético-morais nos variados e prementes desafios da vida em sociedade, no quarto capítulo, examinamos as relações éticas na gestão pública no Brasil atual. O objetivo é apresentar discussões teóricas e bases documentais sobre a importância da ética e da cidadania na gestão pública, com reflexões sobre alguns conceitos e princípios éticos necessários ao exercício da moralidade pública e administrativa. Abordamos a questão da transparência no setor público brasileiro contemporâneo, destacando a promulgação da Lei n. 12.527/2011 e suas relações com o Programa Brasil Transparente e ressaltando a necessidade de uma nova forma de gestão da vida pública, com desdobramentos nos campos social, político e organizacional.

No tocante aos negócios da vida pública – da vida na pólis – surgem questões vinculadas à necessidade da eticidade, da governança e da sustentabilidade como partes de uma agenda contemporânea, revelando a importância de pensar sobre os impactos das diferentes teorias éticas referentes à gestão pública. Trata-se de considerar os desafios éticos que implicam a presença da responsabilidade social, exigindo novas formas de governança na gestão pública no Brasil contemporâneo.

Esses aspectos são analisados à luz das teorias éticas no quinto capítulo, no qual intencionamos promover uma compreensão mais acentuada sobre as dinâmicas da atual gestão pública e de suas imbricações na vida em sociedade. São aspectos por meio dos quais procuramos ressaltar a relevância da elevação do nível de entendimento sobre a adequada gestão pública e seus impactos e consequências na vida dos cidadãos, como decorrência da melhoria do nível de consciência ético-moral e do aprimoramento do nível educacional da população, com a consequente elevação da qualidade de emancipação e autonomia dos sujeitos envolvidos nas questões referentes à vida na pólis. Sustentamos que essas melhorias podem beneficiar a todos e possibilitar a efetivação de uma gestão pública mais envolvente, participativa e verdadeiramente democrática, alcançando-se os ideais de justiça, equidade e solidariedade que permitam aos cidadãos o exercício de uma vida plena, humana e justa, pela conjugação entre a vivência de princípios ético-morais fundamentais às sociedades e uma participação mais organizada, consciente e responsável da sociedade.

Afinal, a gestão pública é parte de um aprendizado conjunto, que deve possibilitar a todos e a cada um dos cidadãos e dos gestores públicos entender sua tarefa como agentes envolvidos na imensa responsabilidade compartilhada pela adequada condução da gestão pública e pelo exercício de uma vida na pólis que seja efetivamente voltada à condição ética que deve regê-la em todos os seus desdobramentos.

Como aproveitar ao máximo este livro

Este livro traz alguns recursos que visam enriquecer o seu aprendizado, facilitar a compreensão dos conteúdos e tornar a leitura mais dinâmica. São ferramentas projetadas de acordo com a natureza dos temas que vamos examinar. Veja a seguir como esses recursos se encontram distribuídos no decorrer desta obra.

Logo na abertura do capítulo, você fica conhecendo os conteúdos que serão nele abordados.

Conteúdos do capítulo:

- Ética e cidadania na gestão pública.
- A ética em ação e os princípios éticos da gestão pública.
- Moralidade pública e administrativa e a questão da transparência no setor público.
- Lei n. 12.527/2011, e o acesso a informações públicas, aplicável aos poderes da União, dos estados, do Distrito Federal e dos municípios – aspectos ético-morais e as relações com o Programa Brasil Transparente.
- A nova gestão pública.

Você também é informado a respeito das competências que irá desenvolver e dos conhecimentos que irá adquirir com o estudo do capítulo.

Após o estudo deste capítulo, você será capaz de:

1. compreender as relações entre ética e cidadania na gestão pública;
2. entender os princípios constitucionais da gestão pública brasileira e os princípios infraconstitucionais complementares;
3. estabelecer relações entre ética, moralidade e a questão da transparência na gestão pública brasileira;
4. entender a Lei n. 12.527/2011, e seus desdobramentos no que se refere ao acesso às informações públicas aplicáveis aos poderes da União, dos estados, do Distrito Federal e dos municípios, bem como o Programa Brasil Transparente;
5. identificar os parâmetros da nova administração/gestão pública e seus desdobramentos no cotidiano vivencial e profissional do agente/servidor público.

Estudo de caso

Em uma pesquisa realizada na Região Metropolitana do Rio de Janeiro (Pandolfi, 1999), ao ser solicitado aos entrevistados que citassem até três direitos constitucionais, os resultados revelaram-se extremamente preocupantes, pois cerca de 56,7% dos entrevistados não conseguiram mencionar um único direito constitucional. Os direitos sociais ligados à saúde, à educação, à segurança e à previdência foram destacados apenas por 25,8% dos entrevistados. Em segundo lugar, apareceram os direitos civis, com 11,7%, e os direitos políticos (votar e ser votado), com 1,6%. Esses resultados levam à conclusão de que a baixa percepção da titularidade de direitos políticos se deve ao baixo índice de interesse e conhecimento da população com relação às questões de ordem política também ao fato de que, no Brasil, o voto, por ser obrigatório, é entendido muito mais como um dever do que como um direito.

1. Considerando o exposto e os níveis educacionais precários de grande parte da população brasileira, podemos entender que os resultados da pesquisa se justificam. Como um possível gestor público, que atitudes você tomaria a fim de alterar para melhor os índices apresentados nos resultados da pesquisa?

Esta seção traz ao seu conhecimento situações que vão aproximar os conteúdos estudados de sua prática profissional.

Síntese

Ao serem expostos aspectos concernentes ao tema da gestão pública em suas relações com os princípios constitucionais, interessa ressaltar que o estudo da ética na gestão dos negócios do Estado deve ser entendido como o conjunto de reflexões sobre a pertinência dos princípios que regem as ações do gestor público. No exercício da gestão pública, conta-se também, atualmente, com algumas leis específicas para que seja possível estabelecer vínculos entre esse setor

---

política e, ainda, forte paternalismo do Estado com políticas de manutenção de favores. Sim, este é o nosso país, mesmo com os grandes avanços da ciência e da tecnologia.

1. Diante do exposto e considerando as premissas éticas da sociedade contemporânea, como você entende ser possível superar rápida e qualificadamente os problemas apresentados, com vistas a uma melhoria significativa das condições de vida da população brasileira?

Síntese

De acordo com Ladriére (1995), é "naquilo que a história produz que descobrimos os valores éticos". Assim, podemos concluir este capítulo considerando que os grandes constructos teóricos sobre a ética no mundo contemporâneo, como um fundo de reserva moral histórica e implicitamente presente nas ações humanas, sejam individuais, sejam coletivas, permitem-nos perceber claramente que as teorias éticas do passado se constituem em uma base para compreendermos os problemas ético-valorativos que se apresentam no contexto civilizacional da contemporaneidade.

Neste capítulo, objetivamos examinar os critérios ético-morais à luz da sociedade complexa e multicultural do período contemporâneo, em suas diversificadas aplicações na vida das pessoas, dos grupos sociais e/ou das sociedades, com suas organizações e instituições, com as decorrentes implicações nas formas de fazer ciência, construir o conhecimento e subsidiar as práticas dessa mesma sociedade multifacetada e controversa.

A condição histórica contemporânea em seus princípios éticos foi analisada com base em aspectos primordiais do pensamento filosófico, fundamentado nas premissas das seguintes correntes: ética existencialista, ética da ação comunicativa, ética da alteridade e da transcendência religiosa, ética da responsabilidade da civilização tecnológica e ética da justiça.

Você dispõe, ao final do capítulo, de uma síntese que traz os principais conceitos nele abordados.

Com estas atividades, você tem a possibilidade de rever os principais conceitos analisados. Ao final do livro, a autora disponibiliza as respostas às questões, a fim de que você possa verificar como está sua aprendizagem.

todo o processo do conhecimento molda-se aos novos ditames da ciência e da tecnologia, e o *ethos* moderno se instrumentaliza com finalidades práticas e lucrativas.

Nesse contexto, as questões éticas de interesse coletivo, não raro, são desconsideradas e/ou superadas, em prol dos interesses meramente individuais.

Questões para revisão

1. Assinale a alternativa **incorreta**:
   a. As questões ético-morais são históricas.
   b. Cada sociedade, cada cultura apresenta sua visão específica sobre a ética e a moral.
   c. Não é possível diferenciar os valores éticos das premissas morais.
   d. Historicamente, a moral tem determinado as normas que definem os comportamentos e a moralidade de uma sociedade e, não raro, relaciona-se aos determinantes legais dessa mesma sociedade.
   e. A ética é uma forma de refletir e proceder a juízos de valor sobre as ações dos indivíduos de determinado período histórico.

2. Segundo Platão, as três modalidades de estrutura de governo são:
   a. ditadura, democracia e oligarquia.
   b. democracia, Estado nacional e oligarquia.
   c. monarquia, ditadura e democracia.
   d. monarquia, oligarquia e democracia.
   e. anarquismo, democracia e autocracia.

Nesta seção, a proposta é levá-lo a refletir criticamente sobre alguns assuntos e trocar ideias e experiências com seus pares.

   b. melhorar o nível de entendimento sobre a gestão pública, seus impactos e consequências, como decorrência da melhoria do nível de educação e emancipação dos sujeitos envolvidos nas questões referentes à vida na pólis.
   c. entender que apenas os governantes (concernentes) têm o poder de determinar como devem agir os concernidos (governados).
   d. considerar que os governantes (concernentes) sabem como se deve agir em relação à gestão pública, pois são mais preparados para isso.
   e. fazer com que apenas os governantes tenham autonomia nas decisões e nas determinações do que deve ser feito para a população.

4. No que consiste o capital social de uma nação?

5. Considerando que para o exercício fundamental da cidadania ativa é importante saber qual deve ser a responsabilidade social dos cidadãos em face das novas formas de gestão dos bens públicos, descreva como você entende as novas formas de governo na gestão pública contemporânea.

Questão para reflexão

1. Quais são os três aspectos imprescindíveis à boa governança e à sustentabilidade de ações prioritárias para aumentar o capital social, entendido com fundamental à gestão pública?

Perguntas & respostas

> Nesta seção, a autora responde a dúvidas frequentes relacionadas ao conteúdo do capítulo.

1. Quais seriam as capacidades primordiais inerentes ao exercício da vida na pólis que Aristóteles propôs para seu tempo na Grécia Antiga e que, ainda hoje, seriam adequadas ao exercício da função pública?

   *Quando Aristóteles foi a Atenas para aprimorar seus estudos, não suspeitava da derrocada da vida política da cidade-Estado grega, com lutas fratricidas e suicidas. Por isso, esse contexto de crise moral e política foi o grande objeto das proposições filosóficas aristotélicas, com abordagens pertinentes sobre a vida pública dos cidadãos. Entendendo a necessidade de pensar a vida na pólis sem perder de vista os ideais que a transcendiam e a disposição pessoal que devia ter o homem público, Aristóteles apontou que seriam a **sabedoria** e **virtudes prudenciais**, o **equilíbrio** e a **capacidade** para estabelecer a **justa medida** as qualidades primordiais inerentes ao exercício da vida na pólis. Consideramos que essas capacidades são ainda hoje adequadas e necessárias ao indivíduo e ao governante público, para que possam agir com justiça, com desprendimento e com os olhos voltados ao interesse e ao bem comum.*

2. De que modo Kant indicou a necessidade de o sujeito contemplar as bases do dever e como isso é denominado?

   *Kant é considerado o filósofo que propôs os **imperativos categóricos** à sociedade de seu tempo, sendo ele mesmo um exemplo da ética do dever, iniciando, assim, um novo momento da filosofia ocidental. Conheceu e valorizou as conquistas das ciências racionais modernas, mas sempre ressaltando os valores da sabedoria metafísica e da ética para subsidiar seu modo de pensar, cujas características são fortemente embasadas nos princípios do dever, que o pensador alemão denominou de deontologia*

Consultando a legislação

> Nesta seção você confere como se apresenta a fundamentação legal do assunto que estamos desenvolvendo no capítulo, em toda sua abrangência, para você consultar e se atualizar.

A consulta às legislações vigentes no país sempre é fonte de esclarecimento. Portanto, sugerimos a consulta da Constituição Federal:

BRASIL. Constituição (1988). **Diário Oficial da União**, Brasília, DF, 5 out. 1988. Disponível em: <http://www.planalto.gov.br/ccivil_03/Constituicao/Constituicao.htm>. Acesso em: 22 maio 2016.

Para saber mais

Entendendo a importância do tema tratado neste capítulo, se for de seu interesse aprofundar-se no assunto, sugerimos a leitura das seguintes obras:

BAZERMAN, M.; TENBRUNSEL, A. **Antiético, eu?** Descubra por que não somos tão éticos quanto pensamos e o que podemos fazer a respeito. Rio de Janeiro: Elsevier, 2011. (ver p. 101-126)

PIVATO, P. S. Ética da alteridade. In: OLIVEIRA, M. A. de (Org.). **Correntes fundamentais da ética contemporânea**. Petrópolis, RJ: Vozes, 2000. (ver p. 79-98)

> Você pode consultar as obras indicadas nesta seção para aprofundar sua aprendizagem.

capítulo um

Conceitos básicos de ética, moral e moralidade

Conteúdos do capítulo:

+ Conceituação de ética, moral e moralidade.
+ A questão da historicidade da ética, da moral e da moralidade.

Após o estudo deste capítulo, você será capaz de:

1. compreender os conceitos básicos de ética, moral e moralidade;
2. entender que estes são conceitos históricos e se vinculam ao desenvolvimento da cultura e da sociedade, fazendo parte das práticas cotidianas dos sujeitos em suas relações valorantes;
3. refletir sobre a questão básica da ética;
4. entender os aspectos da historicidade da ética, da moral e da moralidade.

Com o objetivo de refletir sobre alguns conceitos básicos referentes à ética, à moral e à moralidade e esclarecer suas funções, objetivos e propósitos, buscamos neste capítulo expor o modo como tais conceitos se aproximam, se imbricam e se caracterizam nas diferentes formas de organização da sociedade ocidental e, na sequência, relacioná-los com as práticas da gestão pública no contexto da sociedade brasileira.

Assim, entendemos que, compreendendo o espaço de ação de cada um dos conceitos elencados, podemos retirar deles propósitos para a ação na vida prática e na sociedade.

1.1 *Ética, moral e moralidade*

Os conceitos de *ética* e *moral* são muitos e diversos. Vários deles têm seu sentido etimológico relacionado ao *ethos* grego; com ele não se confundem, mas se articulam e se apresentam em dinâmicas próprias tanto no campo da reflexão filosófica (a ética) quanto no campo da ação normativa (a moral) e no campo da vida prática e vivencial (a moralidade). Afirma Agostini (1994, p. 30): "Porque distintos, contribuem quais agentes catalisadores ao estabelecimento de uma relação fecunda entre eles. A moral e a ética têm aí função própria", sendo que a moralidade as expressa no campo factual, real da vivência das normas, estabelecendo-se, assim, a necessidade de reflexões esclarecedoras.

Cada autor apresenta conceitos e definições alinhados com suas posições teóricas ou filosóficas, porém, não raro, há pontos convergentes sobre o sentido, os objetivos e as finalidades de cada uma das formas de ação humana. Considerando que alguns desses conceitos são fundamentais para a reflexão sobre a importância e as formas de aplicabilidade da ética, abordamos, a seguir, alguns dos conceitos básicos.

A **ética** consiste em um dos grandes campos característicos da investigação e da reflexão filosófica, pois estuda as formas de comportamento dos sujeitos sob os pontos de vista da moral, dos valores, do justo, do injusto, do bem e do mal, sempre sob um cunho reflexivo e crítico a respeito dos valores e dos princípios morais vigentes, no sentido de superá-los e/ou aprimorá-los.

Assim, entendemos ser importante observar as considerações de Buzzi (1991, p. 20):

> A filosofia é uma disciplina. A filosofia foi e continua sendo uma só ciência [...]. Sua dinâmica é a decisão de correspondência, de composição da unidade do enlace forte de nosso ser com a realidade. Na decisão de corresponder à realidade que está junto a nós, súplice para que a vivamos aparece nitidamente o sentido de sua divisão – a física (*physiché*), a ética (*episteme éthiké*) e a lógica (*episteme logiké*) – que surgem como modos de correspondência, como caminhos de realização da existência humana no mundo.

A divisão defendida por Buzzi (1991) desperta a necessidade de conceituar e estabelecer campos de ação prática para cada uma das formas de comportamento humano, que são focos de análise e reflexão filosófica. Portanto, a ética e a moral surgem do entendimento de que a própria etimologia dos termos aponta alguns aspectos comuns entre seus sentidos e significados.

Japiassú e Marcondes (1990) afirmam que o termo *ética* deriva do grego *ethos, ethikós*, cujo significado estaria relacionado a hábitos, costumes, jeitos de viver de um grupo social e/ou de uma sociedade. Por sua vez, ainda de acordo com esses autores, a etimologia da palavra *moral* indica que esta vem do latim *mos, mores, morales*, cujo significado também se relaciona a hábitos, costumes, jeitos de viver, normas de conduta, valores de um grupo social e/ou de uma sociedade e cultura.

Alguns conceitos básicos e pertinentes ao que foi referido nos possibilitam formar um melhor entendimento sobre o tema. Vázquez (1986, p. 12) considera que a ética "é a teoria ou ciência do comportamento moral dos homens em sociedade." Já Cotrim (1989, p. 29) defende que a ética é uma "parte da filosofia que busca refletir sobre o comportamento humano sob o ponto de vista das noções do bem e do mal, do justo e do injusto." Agostini (1994) considera que, embora *ética* seja uma palavra que se origine do grego (*ethos*) e designe, em termos atimológicos, praticamente a mesma realidade que a palavra *moral* (relacionando-se aos costumes, aos comportamentos, às regras morais), "a ética se ocupa dos fundamentos da moral, sendo anterior a ela [...] e se distingue por seu caráter mais reflexivo na sistematização dos valores e das normas morais" (Agostini, 1994, p. 31).

Os conceitos básicos apresentados permitem, por si sós, definir a condição teórico-reflexiva da ética, em conjunto com sua condição histórico-social e não determinística, relacionada à sua condição valorativa e humana.

A **moral**, de acordo com Vázquez (1986) e Japiassú e Marcondes (1990), se constitui por meio de um conjunto de princípios, normas e imperativos ou ideias morais de uma época, de uma sociedade ou de uma cultura determinada historicamente.

Conforme Agostini (1994), a moral, também designa os costumes, o comportamento ou as regras que os regem e apresenta um sentido bastante vasto na medida em que diz respeito ao agir humano, aos comportamentos cotidianos e às possíveis escolhas existenciais das pessoas, dos grupos sociais e/ou das sociedades e culturas. "A moral trata do que é 'preciso fazer'. [...] e nos faz pensar nas normas, nas regras de comportamento, nos princípios e nos valores, buscando com isto determinar o agir humano" (Agostini, 1994, p. 30).

Por sua vez, a **moralidade**, segundo Vázquez (1986), se expressa pelo conjunto de relações efetivas ou atos concretos que adquirem um significado moral, com respeito à moral vigente naquela sociedade e/ou naquele respectivo grupo social. Japiassú e Marcondes (1990) propõem que a moralidade pode ser entendida como a qualidade de uma ação prática e factual de um indivíduo ou de um ato, no que se refere à sua relação com os princípios e os valores morais vigentes em uma determinada sociedade ou cultura e em um dado espaço-tempo social e histórico.

Assim, temos presente também a condição histórico-social e transitiva da moral e da moralidade. Embora ambas se caracterizem por serem determinativas, a moral se expressa por sua condição normativa, e a moralidade, por sua condição factual e vivencial.

O Quadro 1.1 apresenta uma síntese sobre as relações entre ética, moral e moralidade, segundo Rodrigues (2008).

Quadro 1.1 – *Relações entre ética, moral e moralidade*

A ética	Plano conceitual	Não normativa/reflexiva
A moral	Plano ideal	Normativa
A moralidade	Plano real	Factual

Fonte: Rodrigues, 2008, p. 49.

Diferente da moral, a ética preocupa-se em detectar os princípios de uma vida conforme a sabedoria filosófica e prudencial, com reflexões sobre as razões e a necessidade de os homens desejarem e buscarem a justiça e a harmonia, bem como sobre os meios que dispõem para alcançá-las. Por sua vez, a moral preocupa-se com a construção e a determinação do conjunto de prescrições e normas que se destinam a assegurar a vida em comum de forma justa e harmônica.

Assim, a moralidade se constitui no campo prático e factual, no qual tais normas e prescrições se desenvolvem e se expressam nas ações práticas e cotidianas dos sujeitos, dos grupos sociais e das sociedades e culturas.

Podemos afirmar, conforme Rodrigues (2008), que a ética é uma espécie de filosofia da moral – constitui-se em uma dimensão reflexiva sobre a moral –, vem depois da moral e preocupa-se em refletir sobre a legitimidade, a pertinência e a adequação das normas e das prescrições que se destinam a assegurar uma vida harmônica e justa para o grupo social e/ou para uma determinada sociedade.

Com base em Vázquez (1986), Rodrigues (2008) define que a moralidade é o campo vivencial das normas e dos princípios morais, campo no qual podem ocorrer tanto o cinismo quanto o moralismo ético, pontos extremos da vida moral. Entendemos, portanto, que nenhum deles seja adequado, por se constituírem em posturas extremas, de cunho fundamentalista e determinista (radicalismos e reducionismos), caracterizando-se por não possibilitar a ação dialogal e dialética sobre as ações humanas à luz de reflexões eticamente situadas.

Vázquez (1986) propõe que o ético em sua essência é algo problemático, pois afeta a subjetividade, os conceitos, as posturas, os princípios e os valores dos sujeitos em um determinado contexto sócio-histórico.

Distinguindo os campos de ação da reflexão ética e da normatização moral, podemos dizer que a reflexão e o debate ético referem-se à legitimidade e à validade de normas e proposições que fundamentam o discurso e as ações humanas e que a questão da moral cuida da normatização das necessidades, ou pseudonecessidades, que levam os homens ou os grupos e/ou sociedades humanas a agir de uma maneira em certos espaços-tempos por considerarem ser esse o "modo correto de agir" (Rodrigues, 2008, p. 13).

A reflexão ética situa-se numa vertente que não é a mesma das prescrições e das normas morais. O **engajamento ético** daí decorrente pode levar os sujeitos a transgredir tais prescrições e normatizações morais, distanciando-se do que "é", no sentido de propor aquilo que entendem que possa "vir a ser". Como explica Rodrigues (2008), esse engajamento ético vem promovendo profundas modificações e transformações socioculturais nos grupamentos humanos nas sociedades e nos povos, as quais podem ser evolutivas ou não, podendo demonstrar involuções e retrocessos em seu desenrolar histórico.

> Assim, podemos afirmar que a ética está implícita:
>
> + em todas as práticas sociais;
> + nas ações humanas, que não são neutras nem impermeáveis a valores e a significados;
> + no fato de que são os sujeitos que realizam essas práticas e de que estes são sujeitos reais e historicamente situados. (Rodrigues, 2008)

Aristóteles (384-322 a.C.), em *Ética a Nicômaco* (Livro II), declara que nenhuma das virtudes do homem surge naturalmente, pois estamos sempre predispostos a adquiri-las, com a condição de aperfeiçoá-las pelas consequentes ações práticas e transformadoras, que podem e devem superar os velhos hábitos, costumes vigentes pela mera tradição estabelecida pelas ações e desejos humanos (Aristóteles, 1991a).

O engajamento ético, conforme definem Rodrigues (2008) e Vázquez (1986), pode levar os homens a se oporem aos hábitos originais e aos discursos legitimadores, entendidos como justos e válidos pela tradição e pelos costumes. Tais oposições podem ocorrer para que proponham e adquiram novas formas de agir, no sentido de aprimorar sua ação como sujeitos humanos, em suas dimensões de seres sociais e políticos, mutáveis e transformadores de si próprios e de seu ambiente. Isso os caracteriza como seres de virtudes e de vícios, que se revelam em suas ações, como sujeitos que vivem e convivem na sociedade, em seus diferentes grupos e/ou categorias de ação profissional.

Para Aristóteles (1991a), o *ethos* constitui-se em uma espécie de ciência do caráter, podendo-se nele conjugar a criação e o desenvolvimento de hábitos, na ordem particular, que convergem e se aprimoram na convivência social e coletiva e na ordem universal de valores e princípios comuns, legitimados e validados em sua pertinência e adequação às realidades, às necessidades dos sujeitos que vivenciam ações comuns.

Em consonância com o pensar aristotélico, Rodrigues (2008) esclarece que existem alguns **valores universais** que cumprem funções fundamentais, apesar de suas variadas expressões nas diferentes sociedades e culturas. Assim, valores como **dignidade, respeito mútuo, diálogo, solidariedade e justiça** devem fazer parte do caráter humano. Devem fazer parte daquilo que o ser humano é e daquilo que pode ser, brotando como valores reais e necessários em suas ações, juízos e expressões conceituais ou teóricas para possibilitar a verdadeira convivência. É o "estar com o outro, como se está consigo mesmo" (Rodrigues, 2008, p. 39), em perfeita harmonia e equilíbrio, ou seja, na busca pela *eudaimonia* ("felicidade"), pressuposta como fim último da vida humana por Aristóteles, na carta ao seu filho, *Ética a Nicômaco*.

Quando, na busca incessante pela *eudaimonia*, o sujeito desenvolve a **consciência ética**, substitui a perspectiva da moral como "fabricadora da norma e como definidora de hábitos" (Rodrigues, 2008, p. 49) e estabelece ligações que o levam a analisar a validade e a legitimidade dessas normas e desses hábitos, rompendo com conformidades reducionistas, ditadas meramente pela tradição e pelos costumes. Assim, o **sujeito ético** é aquele capaz de visar à existência (o existir consigo e com o outro) e de canalizar ações equilibradas para si e para aqueles com os quais convive (Rodrigues, 2008).

> Vázquez (1986) afirma que a ética nos coloca diante da "questão do sujeito", "da outridade", "da alteridade" (a "ex-sistência" do outro), quando se supõe ser sua função básica nos inquirir sobre como devemos agir perante o outro.

Conforme as proposições de Japiassú e Marcondes (1990), podemos considerar que a **ética** é a parte da **filosofia prática** cujos objetivos estão voltados para a **elaboração de reflexões sobre os problemas fundamentais da moral** (fundamentos da obrigação, do dever, da natureza do bem e do mal, do valor da consciência moral etc.), com base em proposições sobre o conjunto das regras de conduta consideradas universalmente válidas. Essa função reflexiva da ética, como de toda a filosofia, surge do espanto, da admiração e da indignação, delineados pela vontade de compreensão e de ação, mas, acima de tudo, pela capacidade de pensar a pertinência e a adequação dessa mesma ação em face dos problemas da realidade. As considerações de Giles (1984, p. 6) nos auxiliam na ampliação do entendimento dessas premissas:

> Provocada pelo espanto original, a Filosofia nos incita e nos desafia a manter um constante contato com todos os fatos e todas as experiências, numa atitude radical de olhar crítico, e com esse radicalismo, numa verdadeira renúncia [a posições fundamentalistas]. É com essa atitude que a Filosofia alcança alguns dos momentos mais ricos da realidade, onde o sentido [e o significado da vida e da ação humana] reside e se revela.

Com base no exposto até aqui, podemos considerar que a reflexão filosófica, por seu cunho não determinístico, propõe que a ética é algo que permite a cada sujeito adquirir maior capacidade de discernimento, ou seja, aumenta a percepção crítica dos sujeitos sobre o mundo, de tal modo que não se deixem massificar, escravizar, anular e subjugar por seus semelhantes, vistos como seus dominantes.

Esse nível de dominação conforma os sujeitos e as sociedades à vontade externa, de tal sorte que conduz seus modos de pensar e de agir. A capacidade de reflexão ética consiste, portanto, em uma atividade eminentemente **livre e consciente** da qual os seres humanos devem sempre buscar usufruir, com vistas a aprimorar seus modos de viver e conviver e de agir em seus contextos e em seus espaços de atuação profissional, nos vários campos da ação humana.

Imbert (1987) entende que a ética não é a moral, pois o indivíduo ético se situa próximo, muito próximo, do que é mais singular em si mesmo e no outro, constituindo a própria condição (valores, sentidos, significados) desse si mesmo e desse outro de ser e de existir. Considera o autor que um projeto ético verdadeiramente humano reinscreve-se no campo prático-reflexivo, no reconhecimento da liberdade de ser e nas singularidades de consciência e do livre-arbítrio de cada um dos sujeitos humanos, sem separar, sem diminuir, sem excluir, sem castrar a si mesmo e ao outro.

> Assim, a ética traz a proposta de que as instituições e a sociedade realizem um trabalho que possibilite aos sujeitos o desenvolvimento da "autonomia moral" como condição essencial para a "reflexão ética". (Rodrigues, 2008, p. 46).

A reflexão ética procura abrir aquilo que apresenta tendência a fechar-se, pois pensa o "dever-ser", interpelando os sujeitos num processo inacabável de desimpedimento, de abertura de possibilidades e de convivência plena da condição humana (Rodrigues, 2008). A ética desenclausura, pode e deve questionar e refletir sobre a legitimidade das regras e dos princípios da moral e das proposições legais apresentadas pela Lei Maior, a Constituição da República Federativa do Brasil (Brasil, 1988), e por suas legislações complementares, visando ao ordenamento social e político, com a possibilidade de uma vida justa e boa para todos. São sempre necessários esses questionamentos acerca de princípios e valores que se apresentam historicamente como estabelecidos e válidos e que, não raro, são legitimados pela tradição e pelos costumes, nem sempre válidos para os contextos cambiantes da sociedade e da cultura.

O projeto de **autonomia humana** se enraíza na perspectiva ética da existência humana de si e do outro, ambos tidos como sujeitos, abrindo-se, portanto, à dimensão sociocultural da vida humana, como plena de possibilidades e alternativas de sempre ser mais. O projeto de criação e autoprodução da autonomia e da emancipação humanas, eticamente situadas, opõe-se a uma mera e simples modelagem (ordenação) de si e do outro, pois leva a uma busca de sentido e de significado da própria existência e da existência do outro (Rodrigues, 2008).

Na obra *Metafísica*, Aristóteles (1994) afirma que os problemas filosóficos se originaram no espanto, na admiração e na perplexidade que os seres humanos sentiam diante de uma realidade que desejavam entender. As justificações míticas, então vigentes na sociedade grega, para explicar os fenômenos da natureza e da vida humana não davam mais conta de elucidá-los. Era necessário que se estabelecessem condições racionais para refletir sobre essa mesma realidade. Surge daí a filosofia com sua condição radical (de raiz), racional (de razão) e reflexiva (não propositiva ou determinativa), buscando situar os indivíduos em seus feitos, seus constructos teórico-epistemológicos e suas formas de entender a natureza e seus fenômenos.

Como esclarece Corbisier (1986, p. 86),

> Nas primeiras linhas da Metafísica, Aristóteles nos diz que 'todos os homens têm, por natureza, o desejo de conhecer', acrescentando adiante que '[...] foi, com efeito, a surpresa (o espanto) que levou, como ainda hoje continua a levar, os primeiros pensadores às especulações filosóficas.' A principio, foram as dificuldades mais aparentes que os impressionaram; depois, avançando

> assim pouco a pouco, procuraram resolver problemas mais importantes, tais como os fenômenos do sol, da lua e das estrelas, enfim a gênese do universo. Perceber uma dificuldade e surpreender-se, continua Aristóteles, é reconhecer a própria ignorância... Foi assim, portanto, para escapar à própria ignorância que os primeiros filósofos se entregaram à filosofia.

As premissas de Aristóteles (1994), reforçadas por Corbisier (1986), indicam que a curiosidade, isto é, a necessidade de compreender a vida, a realidade em suas causas e consequentes derivações, leva os seres humanos a questionar suas próprias ações, com o objetivo de sempre vencer a ignorância e/ou o desconhecimento sobre elas. E não tem sido diferente com relação às questões valorativas das premissas ético-morais, pois as reflexões éticas sobre o agir humano despertam a necessidade de definir a **questão básica** da ética, relacionada à ação dos indivíduos em contextos vivenciais comuns, a saber:

> **Como agir perante o outro?**
> A resposta a essa pergunta implica a tomada de posições valorativas, específicas da razão e da reflexão filosófica.

Segundo Giles (1984), para que um problema seja classificado como filosófico:
- deve ser passível de uma formulação simples, sem pressuposição de um conjunto complexo, mas que seja global, de tal forma que abranja o todo e não apenas partes do fenômeno observado;
- deve ser aberto, flexível e capaz de provocar novas situações e perspectivas para a própria reflexão, com foco nas possibilidades, nas alternativas, no dever-ser, no possível;

- nunca deve ser isolado de seu contexto de origem, situando-se, portanto, no conjunto de relações em que ocorre e refletindo as interdependências que o permeiam.

Assim, a reflexão ética consiste numa condição indispensável para que se possam construir ambientes saudáveis, espaços de convivência entre as pessoas que, nos âmbitos familiar, profissional, social, político ou institucional, serão tanto mais adequados quanto mais presentificarem os anseios e os objetivos aos quais se propõem os grupos humanos de forma deliberada, consciente e livre. Conforme Vázquez (1986), é somente na condição consciente e livre, na ação guiada pelo livre-arbítrio, que é possível proceder aos juízos éticos sobre o agir humano.

Aristóteles (1991b), em sua obra *A política*, define o ser humano como um animal político (*zoon politikon*), ou seja, como aquele que não é capaz de viver sozinho, que precisa de seu semelhante para existir e para se realizar. Portanto, a convivência humana resulta dessa necessidade de não estar só, de viver em comunidade. Isso, por si só, provoca uma série de questões, problemas e indagações de cunho ético-valorativo sobre os quais é necessário refletir:

- Quais são os direitos e os deveres?
- Quais são as estruturas capazes de garantir e regulamentar o exercício do respeito mútuo?
- Quais são os campos de ação para possíveis soluções no caso de tais direitos e deveres não serem respeitados? É o campo da ação moral ou o campo da sanção legal?

Trata-se de problemas e questões sobre os quais a reflexão ético-filosófica propõe contextualizações em uma dimensão sociocultural e política, conduzindo a premissas orientativas, porém nunca determinísticas, pois tal função não compete a essa instância reflexiva nem aos juízos éticos.

> Disso surge a importante indagação: No que consistem então os problemas que competem à filosofia em sua dimensão reflexiva e ético-valorativa?

Conforme Rodrigues (2008), os problemas pertinentes à dimensão ético-valorativa da filosofia consistem em:

- questões relativas ao agir humano sob o prisma dos princípios, dos valores e da liberdade humana;
- problemas práticos e, ao mesmo tempo, complexos para a filosofia, os quais se resumem a saber se existem ou não normas ou regras morais determinadas e válidas, de acordo com as quais o ser humano deve sempre agir, ou se estas se definem apenas no campo das sanções legais.

Em complementação ao exposto e como uma possibilidade de resposta à questão colocada anteriormente, Giles (1984) nos envolve em um profundo pensamento sobre o tema ora tratado:

> Se existem tais normas ou regras de validade universal surgem outras questões, tais como:
>
> - Elas realmente me obrigam?
> - Será que elas obrigam a todos de modo igual?
>
> Mas, se obrigam a todos, como explicar o desacordo sobre os valores que tradicionalmente fundamentam essas normas, como o bem e o mal, o justo e o injusto? (Giles, 1984, p. 11)

Tendo em vista a transitividade das premissas e das reflexões ético-morais, temos de analisar as **condições históricas e mutáveis** em que se configuram, levando em conta a realidade sociopolítica em seus contextos específicos e as dimensões evolutivas e cambiantes dos respectivos grupos sociais e/ou de cada sociedade, em especial nas complexas sociedades contemporâneas.

1.2 A questão da historicidade da ética, da moral e da moralidade

Os problemas que provocam a reflexão ético-valorativa levantam aspectos sobre a **transitoriedade** e a **historicidade** tanto da ética quanto da moral e da moralidade e nos colocam diante da questão da modificabilidade dos valores e das normas morais nos diferentes grupos sociais e/ou sociedades humanas. Tais valores e normas se modificam conforme os estágios históricos da evolução humana e dos grupos sociais e de acordo com suas respectivas valorações decorrentes das diferentes expressões e ações empreendidas individualmente, pelos agrupamentos e pelas sociedades. Nesse contexto, devemos ressaltar dois conceitos essenciais:

+ **Sociedade** – Entendendo que "A sociedade é o resultado do trabalho realizado pelo homem sobre o espaço natural que, modelado e remodelado serve e contempla demandas e necessidades humanas, aprimorando-se em constantes interfaces com e pelo homem para o uso do ser humano" (Rodrigues, 2008, p. 43), temos que ela é definida como espaço sociopolítico, determinado pela vontade humana de devir, de ser mais, o que já caracteriza a condição histórica na qual se constroem, se sobrepõem e se substituem valores e normas morais, ao sabor das vontades, dos desejos e das necessidades humanas.
+ **Cultura** – Rodrigues (2008) define a cultura como decorrente da determinação e dos constructos sociais e políticos e como espaço de expressão dos valores e dos jeitos de ser de "determinado povo e/ou sociedade, sendo ela caracterizada pelo conjunto de seus princípios, valores, saberes, conhecimentos, jeitos de viver, de habitar, de pensar, que em última instância revelam seu *ethos*" (Rodrigues, 2008, p. 45).

Ao levantarmos os aspectos sobre os diferentes estágios e formas de ação humana em suas relações socioculturais e políticas, surgem diferentes níveis de comparação entre os objetivos e as funções de uma ou outra forma de orientar os comportamentos humanos e avaliá-los, acarretando outras questões de cunho ético-valorativo.

Os costumes das pessoas, dos grupos e das sociedades mudam e, ao se modificarem, definem-se como históricos e transitórios, pois algo que ontem era considerado válido amanhã pode ser questionado ou considerado inadequado pelo mesmo grupo social. Do mesmo modo que os costumes dos esquimós podem ser vistos como estranhos pelos ocidentais, o comportamento dos indígenas ianomâmis pode ser considerado estranho ou não adequado pelo não indígena. Isso pode nos revelar um relativismo ao considerarmos a ética como um rol de convenções provisórias e não legítimas, que se modificam ao sabor do espaço e do tempo e atendem aos interesses de grupos que se sucedem na governança e na sequencialidade histórica.

Portanto, com base no exposto até aqui e nas premissas apresentadas pelos autores mencionados, podemos sintetizar alguns pontos fundamentais da temática em estudo:

- A sociedade é um espaço físico-social-político-cultural criado e transformado pelo homem e se caracteriza pela vida na pólis.
- A pólis é uma dimensão físico-social-política-cultural animada, dotada de princípios, valores e normas que a constituem.
- A cultura humana confere vida à sociedade e a modela.
- A sociedade é a base da civilização, é nela que se instalam os pactos em torno do interesse e do bem comum – o pacto ético-social é também pacto de ordem política, por sua condição de escolha e opção de cunho valorante.
- A ética consiste na reflexão sobre as relações e os valores que são estabelecidos e vivenciados na convivência, ou seja, na vida pública, na vida em sociedade – a pólis.

> + A ética nos leva a um importante questionamento sobre o sentido da convivência humana – a questão básica da ética (Como agir perante o outro?) – e nos fornece esclarecimentos sobre o real papel do agir humano em sociedade.
> + Considerando-se as reflexões elencadas, surge outro questionamento, não menos relevante, no contexto do atual desenvolvimento sociopolítico da sociedade: No que consiste então um comportamento eticamente adequado?

Entendemos que consiste no comportamento adequado aos hábitos, costumes e valores vigentes em um grupo social e/ou na sociedade de determinado tempo, lugar e espaço sócio-histórico, cultural e político, os quais apresentam, nesse mesmo contexto, força e legitimidade pelas convenções e tradições e, não raro, se legitimam também pelos fundamentos legais validados naquele grupo social e/ou sociedade.

Uma ação é considerada contra a ética – anética – se vier a ferir tais costumes e hábitos, de forma que configura uma ação discrepante e em desacordo com os valores vigentes naquele contexto, revelando comportamentos também fora dos determinantes legais em vigor. No momento em que um novo tipo de comportamento passa a ser adotado pela maioria das pessoas ou pelo grupo social, adquire força e passa a constituir-se em um novo valor ético-moral, que revela por si só o caráter histórico da ética, da moral e da moralidade (Vázquez, 1986).

A **diversidade** e a **modificabilidade** dos costumes e das ações humanas, individualmente ou em seus grupos sociopolíticos e culturais de convivência, demonstram que não são apenas estes que se modificam; modificam-se também os valores que lhes dão sustentação. Com isso, são alterados os hábitos, os jeitos de viver – o *ethos* do grupo e/ou da sociedade em tela.

Essa modificabilidade confere historicidade e transitividade às formas de comportamento humano. Com relação à reflexão ética e à vivência das normas morais, delimita os espaços de atuação e de valoração da ética, da moral e da moralidade, enquanto teoricamente explicitados e praticamente exercidos na vida cotidiana dos sujeitos em sua convivência em sociedade.

Conforme Galvão (1996), existe uma vertente que defende uma perspectiva de a-historicidade no campo da reflexão ética, por ele denominada de *visão científica da moral*. Considerando sua visão de cunho religioso e determinístico, o pesquisador define três fontes básicas de origem da moral:

- **Deus** – As normas morais se definem pelo cunho transcendente e sobre-humano, com leis determinísticas como fonte única da moral.
- **Natureza** – A moral como "direito natural" é proveniente de aspectos da conduta natural biológica, sendo que os instintos humanos dariam origem às qualidades morais.
- **Ser humano** – Por sua condição imanente de ser bom e justo e por ser dotado de estrutura e essência eterna, imutável e racional, o ser humano seria ele mesmo a fonte da moral.

Em contraposição ao definido por Galvão (1996) e de acordo com as premissas apresentadas, definimos que as reflexões éticas sobre as posturas humanas e sobre as vivências no campo das normativas morais revelam, não raro, que a moralidade factual de uma sociedade e/ou grupo social tem cunho transitivo e adaptável e permite que esta seja aprimorada em prol da construção de uma sociedade mais justa, sustentável e humanamente situada.

A história da humanidade nos apresenta interessantes e ilustrativos exemplos sobre essas mudanças e adaptações, avanços e/ou retrocessos no campo da moralidade. Há tempos de harmonia e há tempos de barbáries – e todos são tempos humanos, razão pela qual nos cabe a reflexão ética.

Estudo de caso

No tempo deste fato, eu morava no Nordeste. Como funcionário público de um banco estatal, fui convidado para um almoço na residência de um usineiro de açúcar e álcool. A casa não podia ser mais luxuosa, a ponto de possuir duas piscinas, "uma para o sol da manhã e outra para o sol da tarde", segundo os anfitriões. Depois do almoço, com lauta e farta mesa de iguarias, estávamos repousando em um dos terraços da casa quando, olhando mais fixamente para um terreno baldio ao lado, vimos crianças saindo de dentro de um grande cano de esgoto, possivelmente abandonado. O dono da casa disse então aos presentes: "Isto é uma vergonha!", no que obteve a concordância de todos. E prosseguiu: "Mas já falei com a Prefeitura e a Polícia. Amanhã mesmo vão retirar essa gente daí e enterrar os canos, pois além de enfeiarem a rua, essas crianças estão desvalorizando minha propriedade". De fato, concordei: "É mesmo uma vergonha!"

Fonte: Adaptado de Galvão, 1996, p. 39-40.

1. Com base nos conteúdos abordados nesse capítulo, reflita sobre esse caso e se posicione com relação à presença e/ou à ausência da ética no episódio. Procure relacionar os fatos descritos com os conceitos discutidos no capítulo e explique em qual posicionamento dos participantes da situação descrita é possível identificar a relação com a eticidade que deve ser vivenciada em casos que envolvam pessoas.

Síntese

Não é exagero afirmar que o grande esforço teórico-reflexivo da ética consiste na busca incessante da compreensão e da apreensão interpretativo-reflexiva dos valores que fundamentam as variações, a fluidez, a celeridade de mudança e as transformações nos hábitos e nos costumes de cada agrupamento e/ou sociedade humana.

Essa questão levanta a problemática fulcral da historicidade da ética, da moral e da moralidade – e leva a outro problema fundamental: o da universalização da ética. Alguns valores provenientes também dos costumes e dos hábitos humanos, entendidos como bons e adequados, são passíveis de universalização, destacando-se entre eles a dignidade, o respeito mútuo, o diálogo, a solidariedade e a justiça, que, conforme propõe Vázquez (1986), podem e devem ser vivenciados em diversos tempos e em diferentes espaços sociais, culturais e políticos.

É necessário refletir também sobre os âmbitos nos quais determinados valores, hábitos e costumes que, de algum modo, ferem direitos fundamentais do ser humano são legitimados e validados em diferentes espaços sociopolíticos e culturais. Nesse sentido, é preciso discutir sobre como e por que as variações dos costumes revelam e validam características e ações não adequadas à vida justa e harmônica nas mais diversas culturas e grupamentos humanos.

Questões para revisão

1. A questão básica da ética consiste:
    a. em normas e prescrições sobre o agir humano sob o ponto de vista de seu comportamento e dos princípios legais.
    b. em uma reflexão sobre as questões básicas da convivência e das atividades artísticas.
    c. em reflexões sobre como agir perante o outro.
    d. na definição sobre as regras e normas do bem viver.
    e. Nenhuma das respostas está correta.

2. Analise as alternativas a seguir e indique se são verdadeiras (V) ou falsas (F):

   ( ) A ética é histórica, e a moral é definitiva.

   ( ) Na história humana, há apenas um constructo moral para todos os tempos e espaços sociais, culturais e políticos.

   ( ) A ética, a moral e a moralidade são formas de ação humana de cunho histórico e adaptável.

   ( ) Apenas a moralidade se modifica na ação humana.

   ( ) Ética, moral e moralidade são formas de comportamento humano, definitivo e não modificável.

3. Em suas premissas, denominadas de *visão científica da moral* e permeadas por um cunho determinístico e religioso, Galvão (1996) defende três fontes básicas de origem da moral, que são:

   a. a realidade vivencial, a humanidade e a natureza.

   b. Deus, a natureza e o homem.

   c. o homem, os valores e as ciências.

   d. a natureza, a sociedade e os princípios éticos.

   e. as ciências, a natureza e Deus.

4. Cite e explique a conceituação de ética com a qual você mais concorda.

5. Com base na leitura deste capítulo, procure relacionar a ética, a moral e a moralidade ao seu cotidiano vivencial e profissional.

Questão para reflexão

1. A pólis é uma dimensão físico-social-político-cultural animada, dinâmica, flexível e transitiva. O que você entende ser fundamental para que ela tenha essa dinamicidade?

Perguntas & respostas

1. Defina, de acordo com as proposições de Giles (1984), as condições pelas quais podemos classificar um problema como sendo de âmbito filosófico.

   As condições a serem observadas para que um problema seja classificado como filosófico são, segundo propõe Giles (1984), que ele seja passível de uma formulação simples, porém global, isto é, que abranja o todo e não apenas as partes do fenômeno observado. Também precisa ser aberto, flexível e que leve a novas situações que a própria reflexão filosófica possa contemplar, levantando possibilidades e alternativas. Ainda, não deve ser isolado de seus contextos de origem, situando-se no conjunto de relações do mundo vivido e das experiências da vida prática dos homens e entre os homens.

2. Como podemos definir a expressão *engajamento ético*, de acordo com Rodrigues (2008) e Vásquez (1986)?

   Segundo esses autores, existe engajamento ético quando os sujeitos, comprometidos com seu universo vivencial, se opõem aos hábitos e aos discursos originados das tradições e dos costumes, e adquirem novas formas de agir, pensando em novas possibilidades e aprimorando sua ação, em seus espaços de vida em comum e em suas dimensões de seres sociais e políticos, mutáveis e transformadores de si próprios e de seu ambiente. Desse modo, revelam-se como seres de virtudes e de vícios, em suas ações como sujeitos que vivem e convivem na sociedade, em seus diferentes grupos e/ou categorias de ação profissional.

Para saber mais

Se você estiver interessado em aprofundar os estudos sobre os temas tratados neste capítulo, em especial sobre a questão da ética, sugerimos a leitura dos seguintes textos:

ARISTÓTELES. **A política**. 15. ed. São Paulo: Escala, 1991. (ver Livro 1, Capítulo 1, p. 11-14)

CHAUI, M. **Cultura e democracia**. 6. ed. São Paulo: Cortez, 1997. (ver p. 3-59)

✦ ✦ ✦

capítulo dois

A experiência ético-moral e os diferentes modos de ver a ética

Conteúdos do capítulo:

- Os diferentes períodos do desenvolvimento do pensamento ético na sociedade ocidental.
- A ética na Antiguidade Clássica.
- A ética no período medieval.
- A ética no mundo moderno.

Após o estudo deste capítulo, você será capaz de:

1. entender as diferentes experiências ético-morais da sociedade ocidental;
2. compreender de que modo se explicitaram os diferentes períodos do desenvolvimento da ética, desde a Antiguidade Clássica ao mundo moderno.

Objetivamos apresentar neste capítulo um panorama dos estudos sobre a ética formulados pelos principais pensadores da Antiguidade Clássica e do período medieval relacionando seus conceitos de ética com a realidade atual e verificando sua aplicabilidade nos dias de hoje.

Consideremos a seguinte proposição de Rios (1994, p. 24): "A moral de uma determinada sociedade indica e normatiza o comportamento que deve ser considerado bom ou mau. A ética procura o fundamento do valor que norteia o comportamento, partindo da historicidade dos valores [de cada período histórico]". Essa afirmação ilustra nossa intenção de examinar o tratamento dado aos temas da ética e da moral no decorrer da história da civilização ocidental, abrangendo quatro grandes períodos:

1. Antiguidade Clássica;
2. Idade Média;
3. Renascimento; e
4. Idade Moderna.

2.1 Ética na Antiguidade Clássica

Conforme a história da filosofia ocidental, a partir do século VI a.C., surgiu na Grécia uma interessante e intrigante tentativa de explicar as questões da vida, da natureza e do homem em suas origens, com base na observação e no uso metódico da **razão**, constituindo-se no que se denominou de *filosofia*.

Na clássica obra *Metafísica*, o pensador grego Aristóteles (1994, p. 86) afirma que "Foi a partir da inquietação, da perplexidade, que se começou a filosofar. Avançando pouco a pouco, conseguiu-se chegar à solução dos problemas e das questões".

A maior preocupação da filosofia, desde então, consiste em propor uma forma de tentar explicitar a diversidade do aparente, do imprevisível, do caos e da desordem, perquirindo a realidade própria e dela extraindo condições para seu entendimento, de forma racional e sistemática, original e metódica.

> Os séculos V e IV a.C. são, na história do mundo grego, os séculos clássicos, os séculos de ouro, nos quais o helenismo amadurece e desenvolve todas as suas potencialidades. São os séculos nos quais a instituição sociopolítica que o caracterizou, ou seja, a cidade-estado está em plena posse de si mesma. [...] As cidades-estado helênicas jamais conseguiram articular-se em uma unidade política maior. Formaram-se ao longo dos séculos [...] ligas ou espécies de federações de cidades. [...] Essa atitude tem reflexos culturais interessantes. (Lara, 1989, p. 24-25)

A atitude de procura e de definição de ideais humanos de vida que partissem das condições existenciais do indivíduo e da sociedade constituiu-se no cerne do **humanismo grego**, característica base do período clássico. Era na cidade-Estado que o homem grego, como cidadão, exercitava sua condição concreta de racionalidade, de liberdade de expressão e de conhecimento, aprimorando, assim, a dimensão da virtude (*areté*) em sua plena condição, definida pela capacidade racional e livre de julgar, de debater e de participar da vida da pólis.

Segundo Bittar (2007), a filosofia surgiu como uma forma de admiração, de espanto, de abalo em relação àquilo que aparece simplesmente ao primeiro olhar, "aquilo que nos é dado". O pensar filosófico nos remete a pertinentes reflexões, em uma atitude que se caracteriza pela busca da compreensão das causas e consequências da existência de determinado fenômeno e da ação humana. A respeito desse sentido de desvelamento do real que nos é dado pelas primeiras impressões, Bittar e Almeida (2007, p. 5, grifo nosso) consideram que

> A filosofia consiste em uma atitude radical [de raiz], perante a vida e perante o mundo. Onde há ordem ela *pode ver* desordem, onde há desordem ela *pode ver* ordem. É desta subversão que acaba por colher o espírito de sua tarefa desafiadora, porque comprometida com a possibilidade do novo, do não visto, e não experimentado, do inovador, daquilo que desafia a ordem da regularidade dos fenômenos e da aceitação da tutela da vida desde fora. Ou seja, a filosofia acaba por consentir uma certa **atitude** perante o mundo, que potencializa sua capacidade transformadora, na medida em que **des-aliena**, por abalar a estrutura e refundar de sentido a experiência sobre o mundo.

As argumentações de Bittar e Almeida (2007) nos direcionam ao campo da reflexão ética, no qual, por relacionar-se com a área filosófica, são superadas as meras opiniões (*doxas*) e envereda-se pelas searas do campo, vinculado ao saber e ao conhecimento (*epistéme*). A reflexão ética objetiva contrapor-se às contradições e às posições determinísticas que se apresentam como verdades prontas e dadas. O cidadão da pólis necessitava exercitar suas capacidades livres, racionais e situadas, para questionar o determinismo dessas verdades e, desse modo, poder **deliberar** e **participar** na vida pública.

> Vale lembrar quem eram os sujeitos capazes de deliberar: os varões/homens gregos, adultos e livres. Dessa deliberação não participavam as mulheres, as crianças, os velhos, os escravos e os estrangeiros. "Escravos, mulheres e crianças [além de velhos e estrangeiros] não eram contemplados com os direitos e deveres inerentes à condição de cidadão entre os gregos" (Bittar; Almeida, 2007, p. 88).

A procura incessante pelo significado e sentido da existência, bem como de seus elementos constitutivos, com base na logicidade racional levou ao entendimento de que apenas a razão poderia, por sua dinâmica, impor-se como critério de busca da **verdade**. O pressuposto racional movia essa nova abordagem do real, e a verdade passava a ser aquilo que estivesse em acordo com as leis do pensamento e da razão (*logos*).

Entre os primeiros filósofos estão os **pré-socráticos**, cujas reflexões se voltaram para a *physis* (natureza) e o *logos* (estudo) como fundamentos da realidade e cujos valores de totalidade, unidade e diversidade estavam nas bases da existência, da racionalidade, da verdade. Nesse modo de pensar, descartou-se ou mesmo aprisionou-se o mundo imaginoso dos deuses e dos mitos.

> No século IV-V a.C., o filósofo pré-socrático Parmênides (544-450 a.C.) expressa sua consideração sobre o **ser** e afirma a imutabilidade dos fenômenos ao declarar: "O Ser é; o não Ser não é. Tudo é Ser, uno e imutável". Afirma ainda que "a mudança e o movimento são ilusões e o devir não passa de uma aparência. São os nossos sentidos que nos levam a crer no fluxo incessante dos fenômenos" (Japiassú; Marcondes, 1990, p. 190). Heráclito (535-475 a.C.), o mais importante filósofo pré-socrático, considera a mutabilidade da realidade ao asseverar que "Tudo se faz por contraste. Da luta entre os contrários nasce a mais bela harmonia; a harmonia de forças contrárias como o arco e a lira. Tudo é movimento" (Japiassú; Marcondes, 1990, p. 190).
>
> Embora adotando posições contrárias, ambos os pensadores – Parmênides e Heráclito – foram forte expressão da razão filosófica emergente no período pré-socrático grego e, em uma espécie de antítese dos valores fundantes do período, possibilitaram o encerramento de um horizonte mitológico e o início de um horizonte filosófico de entendimento. Visavam esclarecer o fundamento da verdade e buscaram nos elementos da natureza – água, terra, fogo e ar – o princípio fundante da realidade do mundo natural, trilhando uma busca racional para identificar o "primeiro princípio natural que explicasse a origem de todas as coisas" (Japiassú; Marcondes, 1990, p. 117).

Lara (1989, p. 78, grifo do original) considera então que

> Era, pois, pela rota do antropológico e não mais por aquela da *physis* que a filosofia se re-situava. [...]. Era agora necessário pensar o ser humano e o papel que lhe cabia no universo. [...] O evoluir da problemática filosófica [...] não esteve desligado das condições concretas da vida na *pólis* grega.

À medida que se estabeleciam as bases da democracia no mundo grego, **Atenas** passava a ser um centro cultural e o centro da filosofia, no qual se faziam presentes contradições e dialeticidade crescentes. Não mais centrada nas antigas tradições mitológicas, mas na capacidade e na criatividade racional do ser humano, em seu início, a **filosofia** evidenciava-se pela capacidade de argumentação, sendo marcada pela retórica dos sofistas.

> Na Grécia clássica, os sofistas foram os mestres da retórica e da oratória, professores itinerantes que ensinavam sua arte aos cidadãos interessados em dominar melhor a técnica do discurso, instrumento político fundamental para os debates e discussões públicas, já que na pólis grega as decisões políticas eram tomadas nas assembleias. (Japiassú; Marcondes, 1990, p. 227)

Vale acrescentar que, com o nascimento da filosofia, como explica Severino (1994, p. 31), "Criou-se uma tradição de pensamento, elaborando complexas visões da realidade, procurando sempre 'explicar' e 'compreender' o sentido das coisas e fenômenos, de todos os objetos de sua experiência, inclusive do próprio processo dessa experiência".

Os sofistas entendiam que os valores eram criações humanas, não existindo de forma independente das pessoas e de suas experiências.

> Os valores seriam, portanto, fruto das convenções humanas e não se poderia jamais buscar sua fundamentação numa ordem da natureza – a *physis* –, exógena ao homem e às suas circunstâncias reais. Esses constructos filosóficos dos sofistas, embora tenham tido seu valor no período em que viveram, são pouco estudados, pois, entre outras razões, perderam-se no tempo, restando apenas alguns fragmentos (Giles, 1984).

Conforme Lara (1989, p. 82, grifos do original), "A sofística marcou então os rumos da reflexão filosófica posterior, no intrincado problema dos valores, pois é neles que, racional e emocionalmente, se fundamenta a vida da *pólis* é o *problema ético-político*."

Mesmo sendo questionada como fundamento de uma educação adequada, a sofística teve em si o meritório papel de desentranhar o ser humano das antigas tradições míticas e trazer à tona o ventre das realidades sociopolíticas elitistas e excludentes da sociedade grega clássica. Era preciso estabelecer valores sólidos, racionalmente pensados, capazes de ressignificar a vida da cidade-Estado e demonstrar que o homem está na raiz da realidade, o que leva a outros valores e significados. Esse pensar filosófico de bases socrático-platônicas e posteriormente aristotélicas é ainda o motor da razão filosófica, pela qual a sociedade ocidental ainda se move.

No período antigo do pensamento grego, a passagem de uma ética tradicionalmente validada pelo respeito aos seres mitológicos que, pelos rituais sagrados, buscavam justificar os agires humanos para uma ética racionalmente situada levou ao estabelecimento da ideia de que os homens são responsáveis pelo resultado de suas ações e não têm mais seus destinos determinados pela vontade dos deuses.

Com o pensamento socrático, apresentado nas reflexões platônicas, passou-se a buscar o entendimento da importância não apenas do viver em sociedade, mas das razões que levavam a esse viver, objetivando entender a alma dos homens (teoria das ideias) e fazer deles seres melhores. A filosofia socrática reflete sobre os modos de vida na pólis, ao considerar as origens da vida política e ponderar sobre como os homens se organizam em grupamentos e passam a viver em sociedade, nas cidades, nos espaços da vida pública, com formas de governo e com leis que regem suas ações.

Com Sócrates (470-399 a.C.), iniciou-se um novo modo de justificação da ação humana. Pelo uso da maiêutica* (parto de ideias), ele tentou ensinar aos jovens gregos a *areté* (virtude), buscando mostrar-lhes as possibilidades de aprimorar sua formação para que viessem a integrar o governo democrático da cidade. Os gregos entendiam ser o exercício da **cidadania** um valor supremo e destinado aos filósofos, os únicos tidos como capazes de governar a pólis (Platão, 2004).

> Anteriormente a Sócrates, a questão ética já estava presente nas preocupações dos sofistas, que, na Grécia Antiga, deram origem a uma espécie de "teoria educativa", criticando os costumes e os valores elitistas e aristocráticos que demarcaram a história grega até então, propondo ideais democráticos e de participação nos negócios públicos. (Rodrigues, 2008, p. 2)

Giles (1984) considera que o "conhece-te a ti mesmo", de Sócrates, forneceu a base a essa posição de crítica à centralidade da reflexão filosófica das elites gregas. Os entrechoques de opiniões nas disputas estabelecidas entre os cidadãos gregos no espaço público (*ágora*) resultaram em compromisso ou convenção mutuamente estabelecida e entendida como o melhor para si e para todos. O **diálogo**, no plano concreto, e o **conceito**, no plano teórico, levaram Sócrates a afirmar que o ser humano transcende as individualidades, o que se apresenta como reforço e crítica à relatividade dos pontos de vista retóricos dos sofistas. O indivíduo poderia, pelo conhecimento

✦ ✦ ✦

* A maiêutica socrática consiste em uma forma de argumentação que não dá respostas, mas que permite aos indivíduos chegar à verdade, por meio da capacidade de perquirimento, de indagação e de constante ação dialogal sobre a realidade.

virtuoso, estabelecer uma **norma ética universal** – a necessária à sociedade justa (Giles, 1984).

Ainda segundo Giles (1984, p. 63), como método de reflexão e argumentação, a maiêutica socrática possibilitou que se desnudassem as realidades da cidade-Estado grega, nem sempre justas, nem sempre adequadas, nem sempre éticas. Para Sócrates, pela determinação do **bem** e do **belo**, seria possível estabelecer o **bom** e o **justo**. Surgiram, assim, as conceituações básicas da **estética** e da **ética** como componentes vinculados à filosofia.

De acordo com Lara (1989), com a morte de Sócrates, pela condenação dada por um governo democrata moderado, essa democracia ateniense revelou-se em toda a sua crueza e ambiguidade. Coube ao seu discípulo, Platão, mostrar e denunciar à população a crise então vivida pela cidade-Estado, obrigando-a a redirecionar a reflexão filosófica na procura dos seus fundamentos, pois o momento vivido pela sociedade grega apresentava uma profunda crise de valores e com princípios nada convencionais e sem conformidade com premissas verdadeiramente democráticas.

Com a intenção de referendar as premissas filosóficas do período clássico grego, apresentamos a seguir alguns dados sobre os principais pensadores do período.

2.1.1 Platão

Em suas obras *A República* (2004) e *Apologia de Sócrates* ([s/d]), Platão (428/427-348/347 a.C.) apresenta denúncias sobre a **injustiça**, a **corrupção** e a **imoralidade** reinantes na administração pública da cidade-Estado grega e alerta a população, em especial os jovens, sobre o mau governo dos Estados gregos e sobre a necessidade de utilizar a verdadeira filosofia, com a qual pudessem trilhar os caminhos da justiça.

> Sobre Platão, podemos dizer que:
> - registra as preocupações éticas de Sócrates;
> - estabelece, em sua teoria das ideias, que a presença valorativa do bem é fonte de todos os demais valores éticos, estéticos e intelectuais;
> - considera que a virtude é ainda o valor máximo necessário ao homem e fundamental àqueles que deveriam governar a pólis, os filósofos.

O pensamento platônico, cujo protagonista é sempre Sócrates, concebe a filosofia como um grande projeto educativo das classes governantes, entendendo-a como condição primeira para o estabelecimento do Estado ideal e do governo ideal voltado à justiça social e política, do qual, no entendimento platônico, a pólis grega tanto necessitava. Para Platão, tal governo deveria ser exercido por reis filósofos, considerados como os únicos aptos a desempenhar esse papel.

Segundo Lara (1989), no âmago do pensar platônico, uma contradição dialética se estabelece entre dois princípios antagônicos: por um lado, a **racionalidade**, o mundo ideal e o demiurgo; por outro, a **irracionalidade**, cuja representação é a matéria, a necessidade, a imagem e a corrupção, o ser humano concreto e real, como mero reflexo daquela imagem ideal e de perfeita harmonia que se apresentava no primeiro campo de entendimento platônico, o da **idealidade**.

> A mentalidade grega do período revelava a necessidade de ver o ser humano em relação à pólis, o que implicava o surgimento do conceito de **cidadão**. Afinal, era no âmbito da vida pública que o indivíduo se percebia, se via e se pensava; ou seja, era em sua interação com a pólis que se definiam os valores e os princípios do governo democrático. A qualidade de vida individual estaria vinculada à qualidade de vida em sociedade; quanto mais **cidadão**, mais "pessoa" seria o **sujeito**.

Para além de todas as críticas à visão idealista e utópica da república ideal a ser administrada pelos reis filósofos, armados de uma sabedoria quase infalível, o ideal do Estado ético e justo revelado por Platão na obra *A República*, deve ser apreciado como denúncia das estruturas de dominação e como alerta sobre as possibilidades que a superação desse modelo de governo traria ao povo. Assim, a teoria platônica aparece como uma espécie de crítica social e política e, por isso, suas premissas são ainda válidas, como base reflexiva e crítica. Como utopia e possibilidade, essa teoria é útil para que se pense e se justifique a necessidade de estabelecer governos aptos e justos, voltados aos reais interesses dos cidadãos, como partícipes e protagonistas da vida em sociedade e dos negócios da pólis. Na obra *Apologia de Sócrates* ([S.d.]), em especial na terceira parte, há um belo constructo a ilustrar o que afirmamos.

> Ainda, cabe destacarmos que, em *A República* (2004), o pensador clássico:
> + delineia seu ideal de cidade-Estado (influenciado pela severa sociedade espartana);
> + propõe três modalidades de estrutura de governo: **monarquia**, a ser exercida pelas elites; **oligarquia**, a ser exercida pelos soldados; **democracia**, a ser exercida pelas massas, pelo povo.

2.1.2 *Aristóteles*

Nascido em Estagira, Aristóteles (384-322 a.C.) foi a Atenas para aprimorar seus estudos, não suspeitando da derrocada da vida política do mundo helênico, com lutas fratricidas e suicidas entre as cidades-Estados gregas. Entre idas e vindas, por volta de 335 a.C., de volta a Atenas, fundou sua escola, o Liceu Peripato, assim denominada pelo seu costume de dar aulas caminhando no entorno de Atenas. Tomando a cidade-Estado em crise como objeto de suas reflexões, Aristóteles permitiu-se filosofar sobre essa realidade concreta, sobre esse espaço público, dando-se conta da necessidade de pensá-la sem perder de vista os ideais que a transcendiam.

A teoria aristotélica é profunda e atinge tópicos até então não esclarecidos pelo pensamento filosófico, apresentando um ainda inédito arcabouço ético-político nesse contexto de reflexão. Mesmo ao enfatizar a possibilidade da **contemplação**, como virtude máxima do homem, como propôs Platão (2004), Aristóteles a pensa nos limites da vida pública, da vida na pólis, na qual surgem e se estabelecem as grandes tensões entre a liberdade e a vida na cidade e onde, pelo exercício da capacidade virtuosa, caberia aos sujeitos encontrar a *eudaimonia* (felicidade) como fim último da vida. Assim, a humanização do indivíduo consistiria em deixar-se impregnar, em submeter-se ao jogo da razão. Desse modo, ao compreender sua capacidade racional, ele teria a consciência da liberdade e das necessidades humanas. As premissas aristotélicas situam-se no campo das reflexões ético-políticas essenciais para o exercício da vida pública, pois é nela que se desencadeia a vida política na qual os sujeitos podem exercer a condição de membros da pólis.

A tragédia grega revelava-se no confronto entre os ideais tradicionais, que lutavam para sobreviver, e os novos valores propostos para a cidade democrática de Atenas, que levantavam tanto críticas quanto louvores. Na obra *A política*, Aristóteles (1991b) mostra que ao cidadão ateniense interessava manter-se na justa medida, no justo meio, o que evitaria os excessos da cobiça e do orgulho desmedidos (*hybris*) e atrairia a aprovação dos deuses e também dos cidadãos. Questionava, então, Aristóteles sobre o que seria necessário para ser feliz, para obter a *eudaimonia*. A contrapartida terrena da vida na pólis contrapunha-se ao plano transcendente no qual se colocava o problema **destino-liberdade**. Era preciso, pois, olhar para o alto, crer nos valores e viver na medida do justo (Lara, 1989).

> Aristóteles complementou os esforços platônicos, reformulando-os, e propôs que se avançasse do mundo das ideias platônico – perfeito e ideal – para o mundo real e mutável, presente na vida da pólis, na vida política. Nesse mundo real, o ser humano teria a possibilidade de tornar presente o bem idealizado, conforme define Lara (1989), buscando a superação do dualismo entre o sensível e o inteligível, tarefa de alta significação para

> as características éticas do período clássico grego, mas ainda adequada aos tempos presentes.

Embora complementar ao pensamento platônico, Aristóteles provocou uma significativa ruptura com a concepção idealista socrático-platônica, distinguindo o campo teórico do campo prático. No nível da razão teórica, todo conhecimento deve pautar-se pela evidência dos princípios e pela logicidade das conclusões. No entanto, na razão prática, colocamo-nos diante das probabilidades e valores que nos obrigam a escolher, decidir, optar e deliberar com liberdade, consciência e responsabilidade, sempre evidenciando a justa medida, o equilíbrio, o bom senso, de modo a ordenar as atividades morais tendo como vértice último da vida ética a *eudaimonia*, não como objeto de escolha, mas como condição e fim último da vida (Aristóteles, 1991b).

Indicar o balizamento de direções no sentido ético ou virtuoso e equilibrado do ser humano é a base do caráter situado na mediania aristotélica. Tais qualidades eram relativas aos homens livres, dotados de sabedoria prática e aptos a proceder a escolhas, tomar decisões e deliberar livre e conscientemente sobre elas e sobre suas consequências.

> A justiça é entendida por Aristóteles (1991b) como o maior bem, a mais alta virtude do ser humano, apresentando três características: deve ser de utilidade prática, de caráter político e fruto de uma disposição adquirida, ou seja, de uma disposição pessoal do indivíduo para agir com equilíbrio, para que, pela sabedoria prudencial, possa chegar à justa medida e ao que o filósofo denomina de *phrónesis*.

Aristóteles (1991b) considera serem poucos os sujeitos aptos a candidatar-se a uma vida justa, equânime e equilibrada, sendo que entre eles estariam apenas os prudentes, os sábios, os que dedicam sua vida à atividade política de forma livre, consciente e responsável.

Considerando que a comunidade perfeita para os gregos seria a vida no âmbito político – atuando como cidadãos da pólis –, Aristóteles (1991b) entende que ela se situaria no fim último de um processo natural que visa levar o ser humano à perfeição. Nesse sentido, o sujeito jamais se realizaria em si mesmo, porém, à medida que adquirisse a capacidade de integrar-se na pólis, ele aprenderia a conviver e entenderia seu papel de cidadão consciente e livre, portanto corresponsável pelos destinos de sua cidade e de sua vida.

> Para Aristóteles (1991b), o homem aprimora suas virtudes pelo exercício reflexivo e racional, o qual deve orientar indagações, ações e propósitos da sua vida. Sempre situado como ser social, político e cultural, em contextos de vida pública, de vida em sociedade, o homem tem a oportunidade de vivenciar sua condição de animal contextual, social e político.

Segundo Bittar e Almeida (2007), a base teórica de Aristóteles assenta-se sobre pilares e princípios da vida pública, da vida na pólis, e revela pontos que evidenciam a condição do ser humano como **animal político**, que tem participação na vida política como cidadão da *res publica*. "Nessa teoria, a república aparece como forma mista de governo, constituída da conjunção das virtudes das demais formas de governo, destacando-se como modelo na busca da mediedade [mediania] em política" (Bittar; Almeida, 2007, p. 110).

Essa mediania denota a importância da **equidade** como postura política a ser adotada pelo indivíduo no exercício da vida em sociedade e demarca a teoria aristotélica como de fundamental contributo para o pensamento e a teoria política que permeiam toda a história da sociedade ocidental, ainda presente nos estudos e nas reflexões sobre a ética e a política no período contemporâneo.

2.2 Ética na Idade Média

Com seus enfoques profundamente metafísicos, em razão do clássico embate entre fé e razão, a Idade Média fundamentou-se na lei divina e eterna como pressuposto máximo do bem viver, portanto dos fundamentos da ética e da moral. A **vontade de Deus** caracterizava-se como a expressão ideal da ordem do Universo, da qual emanavam todos os valores em sua plenitude, bem como normas e determinações da convivência cotidiana dos indivíduos em sociedade.

Nesse contexto, Deus era considerado o fundamento básico da existência, isentando o ser humano de sua capacidade de autorresponsabilização por suas decisões e ações. Sob essa perspectiva, tudo dependia de Deus e o homem deveria submeter-se às vontades exógenas e absolutas que lhe determinavam as formas corretas de pensar e agir.

Sobre o período medieval, Vals (2006, p. 37) afirma que:

> A religião trouxe, sem dúvida alguma, um grande progresso moral à humanidade. A meta da vida moral foi colocada mais alto, numa santidade, sinônimo do amor perfeito, e que deveria ser buscada, mesmo que fosse inatingível. Mas não se vai negar, também, que os fanatismos religiosos ajudaram a obscurecer muitas vezes a mensagem ética profunda da liberdade, do amor, da fraternidade universal.

Assim, o que se convencionou chamar de *Idade Média europeia* teve seu início no período entre a liberalização do cristianismo, em 313, pelo imperador romano Constantino e a queda do Império de Roma, em 476. Costuma-se dividir a Idade Média em:

- Alta Idade Média, que vai desde o século V ao século X; e
- Baixa Idade Média, que vai do século XI ao século XV.

Com quase mil anos, a Idade Média europeia pode ser evidenciada apenas na Europa Ocidental, região influenciada pelo predomínio da visão cristã de mundo. O pensamento ético-político estava atrelado profundamente à religião católica, à interpretação da Bíblia e à teologia cristã, que sustentavam a ordem política, a ordem religiosa e a ordem valorativa. Assim, o **cristianismo** dominou o período medieval e impôs seus valores e suas visões de mundo, sendo marcado por grandes questões:

- a criação do mundo, com o predomínio da visão criacionista;
- a pessoa humana, com sua natureza essencialmente dependente da vontade divina;
- a imortalidade da alma, com sua dimensão dual de erro e pecado *versus* salvação eterna;
- o entendimento da origem divina da lei moral com a proposição da consciência de bem, inata e imutável, a qual o homem já traz consigo ao nascer (Vals, 2006).

Os pensadores de destaque do período medieval foram Santo Agostinho (354-420) e São Tomás de Aquino (1225-1274), considerados, respectivamente, representantes maiores dos períodos da **patrística** (de formulação filosófico-teológica dos princípios e dogmas cristãos) e da **escolástica** (de ensinamento prático-vivencial das bases filosófico-teológicas da doutrina cristã).

Segundo Vals (2006), Santo Agostinho revela influências de Platão em seus constructos filosóficos, baseados na teoria das ideias inatas platônicas. Em seus diálogos, Agostinho tratou de temas ligados às questões do conhecimento e, sem separar o saber da fé e da religião, apresentou a essência da vida humana fundamentada na vida religiosa. Na teologia, Agostinho tratou dos dogmas cristãos sobre a existência e a natureza de Deus; na cosmologia, investigou as noções de tempo e eternidade; e, na ética, questionou as origens do mal, da felicidade, do livre-arbítrio e do destino humano – impregnando todas essas questões com a centralidade da figura de Deus.

No pensamento agostiniano, Deus é o centro de tudo – o princípio e o fim supremo do ser, a fonte de todo o conhecimento e a norma maior da vida. Podemos então, com base nisso, deduzir uma ética de ausência de liberdade, de submissão e de dependência humana diante da vontade divina.

> No período compreendido entre os séculos V e IX, praticamente não houve muitas obras de filosofia registradas. No século XV, sob influências diversas, desintegrou-se o mundo medieval e um novo humanismo começou a vicejar, com novos valores, novas proposições e visões de homem, de saber, de conhecimento e de cultura.

Na obra *Suma teológica*, Santo Tomás de Aquino (1990) trata da natureza de Deus, das questões morais e revela fortes influências aristotélicas, revalorizando sua ideia conforme o contexto medieval e demonstrando a verdade da concepção cristã de mundo. Tomás de Aquino identifica o ser com Deus, apresentando cinco provas da existência divina, deduzidas do mundo sensível, e entende que o conhecimento sensível é o ponto de partida para a reflexão filosófica. Considera, assim, que a inteligibilidade de algo depende dos dados sensíveis, devendo-se partir do efeito para se chegar às causas, do particular para se chegar ao geral, ao universal. É o conhecimento indutivo que o move, compreendendo que razão e fé são coisas distintas.

O surgimento da **nova burguesia** (os mercadores) contribuiu para a dissolução dos valores centrados na figura da Igreja e da divindade eterna, que dominaram o longo período medieval eurocêntrico. Embora destituídos de poder político e de *status* social, os novos burgueses possuíam poder econômico, o que foi determinante para a derrocada dos valores medievais e para a nova centralidade no humanismo, concentrando-se na razão humana para fundamentar a vida sociopolítica, que emergia com forte determinação no valor econômico e produtivo.

2.3 Ética no Renascimento

Com o Renascimento (séculos XII a XVII), procurou-se estabelecer novas formas para que a vontade humana se reaproximasse de uma ação encarnada e autorresponsável dos indivíduos, reconstruindo-se a atuação política e moral com liberdade de ação, orientada por virtudes e vícios. Assim, os valores já não são entendidos como entidades abstratas ou subjetivas, mas constituem-se em condutores ou **motores** da ação humana, que, pelas experiências e opções racionalmente pensadas do ser humano, provocam rupturas decisivas na forma tradicional de encarar e vivenciar os valores e os princípios da vida humanamente situada.

O Renascimento caracterizam-se como uma nova forma de cultura, com valores críticos nas artes, na literatura e nas ciências então emergentes, despertando reflexões de ordem política e filosófica. Nesse período histórico, ocorreram **Grandes Navegações** e a descoberta do Novo Mundo, grandes avanços nos estudos da anatomia humana e a volta de estudos clássicos em literatura, filosofia e arquitetura. É um período que ilustra a razão humana pelas **luzes**, em contrapartida ao período medieval, considerado de **trevas**.

> Sobre o Renascimento, destacamos:
> - a vontade humana como força capaz de restabelecer a responsabilidade dos indivíduos sobre suas descobertas e ações, outorgando-lhes maior autonomia e capacidade de escolha;
> - a atuação político-moral, com liberdade de ação, causando rupturas na forma tradicional de encarar os valores e apresentando novas formas de pensá-los e vivê-los;

- o surgimento de pensamentos voltados à filosofia política, às novas descobertas e invenções e aos estudos clássicos em literatura, filosofia e arquitetura, com grandes avanços no campo da técnica e das tecnologias;
- a invenção da imprensa, o que trouxe maiores possibilidades de comunicação e transmissão de conhecimentos;
- a Reforma Protestante, liderada por Martinho Lutero (entre 1483 e 1546), a qual trouxe novos valores ao mundo do trabalho, com destaque para o ser humano como ser dotado de razão, que pode experimentar, produzir e tomar decisões livres e deliberadas.

Com a Reforma Protestante, os dogmas do cristianismo foram deslocados do centro das atenções. Com isso, houve a emergência de novos saberes e conhecimentos científicos, entre outros aspectos que determinaram uma **recentralização** do ser humano, como ser de razão, que, por sua capacidade autônoma e racional, pode deliberar, experimentar e produzir.

Nessa reordenação do pensamento medieval, caracterizou-se o advento do **pensar moderno**, privilegiando o problema do conhecimento, tanto na perspectiva racionalista quanto na empirista, em detrimento de uma axiologia essencialista, vigente no período medieval. O método, as ciências particulares, as hipóteses e as leis científicas trouxeram novos princípios e profundas mudanças nos modos de pensar e proceder e, consequentemente, revelaram mudanças sobre os valores que os determinavam.

Se o período renascentista e o período iluminista atribuem competências especiais à razão humana, com triunfos definitivos da classe burguesa e de seus novos valores, esse racionalismo exacerbado já lhe dá contornos suficientes para que, de dentro desse mesmo contexto de entendimento, lhe sejam tecidas severas críticas.

As luzes do período simbolizam o esclarecimento sobre o gênero humano, tirando-o das trevas da ignorância e levando-o a melhorias e conquistas significativas. Pelo exercício de sua específica racionalidade, os sujeitos podiam identificar qualquer influência exercida sobre eles.

No entanto, esse enfoque é combatido por Rousseau (1712-1778). Em suas diversas obras, esse pensador volta-se contra o embate iluminista. Suas obras entrelaçam reflexão pedagógicas, religiosas, políticas e axiológicas, aparecendo como crítica explícita à sociedade, à política e aos valores da época iluminista.

> Com o Renascimento e o Iluminismo, ou seja, aproximadamente entre os séculos XV e XVIII, a burguesia que começava a crescer e a impor-se, em busca de uma hegemonia, acentuou outros aspectos da ética: o ideal seria agora viver de acordo com a própria liberdade pessoal, e em termos sociais o grande lema dos franceses: liberdade, igualdade e fraternidade. [...] o ideal ético se confunde com o ideal da autonomia individual. O homem racional, autônomo, autodeterminado, aquele que age segundo a razão e a liberdade, eis o critério da moralidade. (Vals, 2006, p. 45)

Seguindo-se ao Renascimento, temos a Revolução Francesa (1789), fruto das insatisfações e das críticas aos modos de viver, agir e pensar dos períodos anteriores. Caracterizou-se pela ruptura da dependência dos indivíduos aos poderes absolutistas da monarquia francesa e também como crítica à centralidade do governo monárquico e da Igreja. Os ideais de **liberdade, igualdade** e **fraternidade** passaram a ser valores de base da nova sociedade que emergiu dessa revolução. Esses preceitos estão também entre os que revolucionaram os costumes, os princípios e as normas da moralidade da sociedade ocidental no período subsequente.

> O crescimento da sociedade burguesa, berço da sociedade capitalista moderna, ocorreu em ocorrência da crise da estrutura feudal e de seus valores, princípios e normas determinantes. A transição foi longa, dolorida e complicada, pois se tratava de abrir o mundo e a sociedade para novas leituras de mundo e novos preceitos ético-morais, ressaltando a condição e a necessidade de que os indivíduos passassem a ser livres e conscientes, sem qualquer determinação exógena, tanto no campo individual como no das deliberações coletivas na vida pública.

A ascensão das grandes cidades-Estados no norte da Itália, nos séculos XIV e XV, com forte comércio revelou uma classe de ricos comerciantes, cultos, com visão política e laica, colocando em marcha uma revolução de costumes e de valores. Os horrores da inquisição, a corrupção da Igreja em conchavos com os senhores feudais, a Reforma Protestante e o início do racionalismo moderno acabaram por minar as bases da sociedade medieval e, em seu lugar, surgiu um novo modo de ver o mundo, com senso de investigação científica, valores de convivência e tomada de decisão.

2.4 Ética no mundo moderno

Objetivando apresentar os diferentes modos de ver a ética no mundo moderno, vamos analisar como alguns pensadores tratam questões da ética em relação à realidade prática e vivencial da modernidade no mundo ocidental. Do ponto de vista histórico, esse período iniciou-se com a ruptura das características e das visões de mundo medievais, iniciadas com o **Renascimento**, e desenvolveu-se a partir dos séculos XVI e XVII, com destaque para o surgimento de pensadores como Francis Bacon (1561-1626), Galileu Galilei (1564-1642) e René Descartes (1596-1650), até o Iluminismo do século XVIII.

Sob o prisma da ética, o surgimento da modernidade trouxe o advento do indivíduo, da consciência, da experiência e da atividade racional crítica, com forte oposição aos modos tradicionais (de bases eminentemente religiosas) que determinavam os valores, as virtudes, os dogmas e as verdades estabelecidas de forma exógena ao sujeito.

> A ética moderna, centrada no **racionalismo**, acabou por minar as bases da sociedade medieval e surgiram, assim, novos modos de ver o mundo. A sociedade se abriu a novas ideias, concepções e sensos de investigação científica e, com essa exploração, descortinaram-se possibilidades reais de o indivíduo tomar para si a condução de seus destinos e, pela razão, tornar-se capaz de conduzir suas ações e deliberações, sejam no âmbito individual, sejam no âmbito coletivo.

O desenvolvimento das economias mercantilistas, o surgimento da burguesia capitalista, as grandes invenções, as Grandes Navegações e a descoberta de um novo continente, a Reforma Protestante, as novas teorias científicas no campo da física, da astronomia e da administração, entre outros, são fatores que, entre os séculos XV e XVII, demarcam novas visões de homem, de sociedade e de cultura. Essas mudanças trouxeram consigo novos valores e novas ordens ético-morais, provocando rupturas com os valores do período medieval e estabelecendo as bases teórico-práticas do que se convencionou chamar de *modernidade ocidental*.

Conforme Vals (2006), a modernidade é uma característica daquilo que é moderno e se expressa em um sentimento geral de oposição ao classicismo, ao apego aos valores tradicionais. Identifica-se com as bases teóricas do racionalismo e do empirismo, valorizando, assim, o espírito crítico, a razão e a experiência como fontes de verdades absolutas. Nesse período histórico, as ideias de **progresso** e **desenvolvimento** valorizam o indivíduo e buscam libertá-lo do obscurantismo e da ignorância, incentivando a difusão da ciência e da cultura, que se expandem de modo célere e culminam com novas descobertas, invenções e produções humanas que permitem avanços científicos e econômicos, centrando-se na curiosidade e na criatividade humanas.

O que caracteriza uma cultura moderna é a centralidade no **futuro**, nos projetos inovadores, nas ações e nas construções humanas voltadas para o amanhã, reforçando um ideal de projeto sociocultural que se faz, de certo modo, ainda fundado na visão platônico-aristotélica da pólis grega. Aqueles desprovidos de condições, como os servos e os seres periféricos, estavam impedidos de participar das decisões da pólis; a participação só era permitida àqueles sujeitos dotados de conhecimento das técnicas e das ciências, relevantes para o desenvolvimento e o progresso (Susin, citado por Beozzo, 1996)

> Nesse contexto, essa apropriação da ação humana ocorre pela capacidade racional e pelo exercício da reflexão. A racionalidade é a fonte da perfeição e da liberdade, bases éticas do indivíduo, que passam a caracterizar de modo significativo esse período histórico.
>
> Entre as grandes conquistas da modernidade está o desenvolvimento do conceito de **indivíduo**, na plenitude de sua existência, como sujeito de direitos e capaz de escolhas livres, conscientes e responsáveis, portanto como sujeito capaz de construir e sustentar valores e de constituir o que lhe seja importante como sujeito.

Beozzo (1996) afirma que a modernidade ocidental se concretizou tendo como base a reconstituição dos valores da modernidade grega. Tais valores eram vigentes desde os séculos IV e V, os quais são denominados séculos de Péricles como uma alusão ao período em que Péricles (495-429 a.C.) governou Atenas, marcado por grande esplendor. Por cerca de 15 anos, viveu-se nessa cidade grega um período democraticamente definido no qual, como governante da pólis, ou seja, como o chefe do poder executivo, Péricles consagrou-se como a maior personalidade política e como estratego-chefe, acumulando a liderança civil e militar de Atenas, que alcançou no período enorme projeção política, econômica e cultural. Essa base foi reforçada nos séculos XII e XIII, na Idade Média, com o surgimento de pensadores de cunho empirista e racionalista, revelando um humanismo que valorizava a razão e o espírito crítico do homem. Nesses períodos e nos subsequentes, nos séculos XIV a XVII, com fundamento nos valores do humanismo clássico, o homem passou a ser visto como o valor supremo e a medida de todas as coisas. A acentuada vinculação com a figura do homem nos constructos filosóficos desses momentos históricos levou a diferentes projetos de desenvolvimento, sustentados na necessidade de mudanças e transformações sociais, culturais e políticas, num esforço para caracterizar possibilidades de escolhas, decisões e sistemas de valores pelos quais os sujeitos pudessem melhor produzir e inventar seus mundos futuros, supondo-se que o homem, como ser criador de seu próprio ser, pudesse gerar sua própria natureza e definir os rumos de sua história. Ainda conforme Beozzo (1996, p. 43),

> O sonho de igualdade, de liberdade e de fraternidade, embandeirado pela Revolução Francesa (1789), germinou no humo medieval das corporações, das fraternitas, origens das sociedades de mútuo auxílio e dos sindicatos modernos. As comunas e as repúblicas, os alquimistas pesquisadores, os escolásticos com exercício complexo da racionalidade, os pactos comunais em favor do progresso e do alargamento dos espaços econômicos e políticos, o incremento da produção de bens, o mercado de bens e finalmente o mercado financeiro [...] tudo isto está na raiz econômica e política da modernidade.

Com o advento do pensamento moderno, a questão dos valores ficou em segundo plano, embora expressões do pensamento filosófico no período, como Blaise Pascal (1623-1662) e Baruch Spinoza

(1632-1677), tenham sido marcantes como fundamentos da ética e dos valores nesse período de profundas mutações. Foram, portanto, as teorias das **ciências,** e não as teorias dos **valores,** que caracterizaram o período moderno. Nesse período, destacou-se a capacidade organizacional dos sujeitos, que passaram a reivindicar maior espaço de participação e de formas de organização social que culminaram na emancipação da razão instrumental (Habermas, 1989).

> A ruptura com os valores da sociedade medieval marcou o nascimento da chamada *Idade da Razão*, cujas características têm suas bases no pensamento iluminista. Na Inglaterra, na França e na Alemanha, surgiram pensadores que, fundamentados nos progressos da ciência, incorporam as virtudes intelectuais como base dessa nova ordem social e deram sustentação aos progressos racionais. Despontavam assim, o **liberalismo** e o **empirismo.**

O otimismo radical burguês, embasado no mecanicismo materialista, no questionamento das bases da fé cristã e no *laissez-faire* ("deixar fazer") econômico, assumiu a racionalidade humana como fator fundante das decisões e das ações individuais e sociais, colocando o *Homo faber* ("homem produtivo") no centro das discussões.

Desse modo, a política e a economia passaram a ser pontos centrais nas formas de pensar, fazer e produzir da nova sociedade burguesa e capitalista, alterando substancialmente seus valores de base e os princípios que a regiam e modificando-a sob todos os seus aspectos organizacionais e de desenvolvimento.

O período histórico que vai do final do século XVIII até meados do século XIX compõe um quadro interessante no pensamento filosófico ocidental, tendo como nomes marcantes na retomada da questão axiológica: Immanuel Kant (1724-1804), Georg W. Friedrich Hegel (1770-1837) e Jean-Jacques Rousseau (1712-1778), pensadores que estabeleceram as bases para uma teoria dos valores mais condizente com os enfoques filosófico-epistemológicos do período.

Kant deu início a um novo momento da filosofia ocidental. Conheceu as conquistas das ciências racionais modernas, valorizando-as, ressaltando os valores da sabedoria metafísica e da ética para subsidiar seu modo de pensar, cujas características são fortemente fundamentadas nos princípios do dever (deontologia kantiana).

As objeções de Kant ao ceticismo e ao dogmatismo racionalista presentes na época levaram-no a defender a possibilidade de uma ciência e de uma moral que pudessem dar bases ao dever humano de agir corretamente. Sua filosofia crítica pode ser entendida por meio de quatro grandes questões:

- O que podemos saber?
- O que devemos fazer?
- O que temos o direito de esperar?
- O que é o homem?

Kant entende como sendo duas as fontes do conhecimento humano: "a sensibilidade e o entendimento; pelo primeiro os objetos são dados, pelo segundo são pensados" (Japiassú; Marcondes, 1990, p. 142). Segundo Giles (1984), Kant considera que o mundo dos fenômenos só existe à medida que nós mesmos participamos de sua construção, o que significa que a razão humana, e somente ela, determina o objeto de nosso conhecimento e, consequentemente, de nossa ação.

> Na obra *Crítica da razão prática*, Kant (2008, p. 86) analisa os fundamentos da lei moral, formulando o famoso imperativo categórico: "Age de tal forma que a norma de tua ação possa ser tomada como lei universal". Trata-se de um princípio formal universal que estabelece que só se deve embasar a conduta em valores que todos possam adotar, embora não sejam estabelecidas prescrições sobre quais sejam esses valores.

As premissas kantianas partem da ideia de que o ser humano não é determinado como as coisas da natureza, pois ele possui uma **vontade** e, de acordo com ela, pode representar-se, criar e dar-se leis, ou seja, estabelecer, de modo racional e livre, princípios e valores para seu agir. Tais princípios são orientadores de sua ação, os quais, constituídos por meio de sua razão, são mandamentos ou imperativos para sua ação. Desse modo, o ato moral seria *a priori* e totalmente independente de qualquer tipo de condicionamento – empírico, sensível, histórico, acidental ou natural. Assim, como explicado por Cenci (1996), o imperativo moral do dever kantiano não é algo apenas hipotético; supondo-se que o sujeito deva cumprir incondicionalmente com o dever, este mesmo dever passa a ser um **imperativo categórico**, ou seja, algo que não pode deixar de ser cumprido.

Podemos afirmar então que, nas premissas kantianas, segundo Hessen (1980, p. 89), "a realidade se move em torno dos valores de nossa consciência moral, da boa vontade na ação, passando assim o homem a ser infinitamente superior aos demais seres viventes, pois ele se constitui no fundamento e fim último do bem, da moral, da justiça e do dever".

Seguindo a trilha do idealismo racionalista alemão, cujo maior expoente é Kant, surge Hegel, para o qual a razão é o próprio modo de ser das coisas, sua essência, sendo que tudo o que é real é racional e vice-versa, em uma dinamicidade dialética.

Essa dinamicidade é histórica e se potencializa em mudanças constantes, as quais ditam o ritmo das próprias coisas; a presença das contradições não deve ser evitada, mas dela deve partir o motor da ação, do conhecimento, da história e das sociedades humanas (Silva, 1995).

Assim, no pensamento hegeliano, essa dialeticidade é também fator de identificação, que no movimento do "dever ser" permeia todas as ações humanas, apresenta-se como produto do universo valorativo ético, estético, político, religioso e educacional.

As categorias axiológicas são produzidas pela historicidade, sendo, portanto, **relativistas e mutáveis**. Assim, o conjunto de valores se enriquece, se modifica e se automanifesta, identificando-se com o **autoconhecimento humano**.

> Em Hegel, o **vir a ser** é processo de aperfeiçoamento externo do ser humano e nunca é dado *a priori*, pois os valores não são subjetivamente atribuídos, transcendendo os indivíduos e os processos históricos e culturais. A virtude é, então, considerada fundamental, sendo sempre o mais vitorioso aquele mais dotado de virtude e portador de um sistema de valores em si e para si. Pode-se considerar a moral hegeliana aquela intrinsecamente vinculada à existência e às suas modificações em processos constantes de **vir a ser**.

De acordo com Giles (1984), em Hegel, a consciência moral está no nível da construção histórica e aqueles que criam ou vivenciam novos valores não agem apenas em um plano moral, mas em um plano historicamente situado, que é decorrente de ações humanas. Eles pensam, agem e decidem em um determinado contexto social e histórico e dele depreendem os valores de tais ações.

Hegel atribuiu significativa importância aos aspectos históricos, culturais, intelectuais e políticos da modernidade, deixando descobertas as questões econômicas e estruturais da sociedade moderna. Karl Marx (1818-1883) e Friedrich Engels (1820-1895) viriam a contemplá-las posteriormente, com seus estudos sobre a sociedade capitalista decorrente do seu modo racionalista-cientificista de organização, o qual caracterizou toda a modernidade ocidental e suas modalidades organizacionais e produtivas.

> Na Idade Moderna, que compreende desde o século XIX até meados do século XX, duas fortes tendências marcam o pensamento ético:

> - a incessante busca por uma ética laica, de cunho apenas racional e com bases estruturais de igualdade e direitos comuns a todos os indivíduos;
> - a busca de novas formas de elaboração de sínteses entre os valores ético-filosóficos renovadores, modernizados e racionais, com algumas doutrinas da revelação, especialmente de cunho espiritualizante/transcendente.

Segundo a perspectiva hegeliana, na modernidade, o sujeito ético é aquele capaz de ditar as regras do jogo social, político, cultural e econômico, cuja ética é a da propriedade privada, do trabalho e do capital individual. Para esse sujeito, o progresso é o grande mito, sendo fruto de ações de sujeitos livres para atuar e para produzir, fazendo, assim, fluir a história (Susin, citado por Beozzo, 1996). Esse sujeito ético é o **burguês**, **laborioso** e **integrado** no mundo da produção e dono do capital produtivo, motor da sociedade capitalista emergente, com base na propriedade privada. É um indivíduo histórico, dotado de capacidade inventiva para a produção de artefatos que, pelo trabalho, movem a industrialização e o comércio de bens.

A ciência e a razão, a técnica e a capacidade inventiva se incorporam na vida do sujeito moderno e determinam os valores de suas ações, instrumentalizando-as para finalidades práticas e lucrativas, moldando seu *ethos* por esses novos ditames e determinantes da modernidade ocidental.

> "Pragmatiza-se" o ser humano e "cientificiza-se" a natureza. Saber é poder. O que está em jogo é a autonomia criadora, e a razão (*res cogitans* cartesiana) é a possibilidade de concretizar essa autonomia. Os limites estão no próprio indivíduo e em sua capacidade de produzir.

O grande desafio aos sistemas filosóficos da modernidade é encontrar no próprio homem, em sua capacidade racional, em seu livre-arbítrio, em sua autonomia e em sua experiência prática, fundamentos para uma nova ordem ético-moral, sociopolítica e institucional na qual tudo pode ser questionável, mesmo a própria ordem e seus constructos teórico-práticos.

> A reflexão ético-social do século XX trouxe, além disso, uma outra observação importante: na massificação atual, a maioria hoje talvez já não se comporte mais eticamente, pois não vive imoral, mas amoralmente. Os meios de comunicação de massa, as ideologias, os aparatos econômicos e do Estado, já não permitem mais a existência de sujeitos livres, de cidadãos conscientes e participantes, de consciências com capacidade julgadora. (Vals, 2006, p. 47)

Nesses questionamentos sobre si mesmo, sobre suas produções, suas formas de organização social e produtiva e tudo aquilo que disso decorre, o ser humano moderno necessita superar suas limitações e conhecer suas potencialidades. Ampliando seus limites e competências de ação organizativa e civilizacional, deve ser capaz de analisar as consequências de suas ações. No entanto, apesar dos avanços da razão instrumental e de seus inquestionáveis progressos e conquistas, nem sempre essas possibilidades se concretizam.

Nesse sentido, é possível afirmar que, mesmo o indivíduo sendo moderno, ainda é deficitário em suas formas de organizar-se e de gerir seus próprios constructos sociopolíticos e culturais. Esse indivíduo espera ainda por solucionar grandes dilemas de ordem ético-moral, que surgem como desafios complexos, legados a si próprio e à sequência histórica.

> No contexto da moderna sociedade ocidental, o indivíduo passa a ser o centro das questões sociais e, consequentemente, das questões ético-morais. Na busca incessante para compreender suas possibilidades

> e limitações, ele busca questionar-se e a questionar seu papel no processo civizacional:
> - Quem é o homem?
> - Quais são suas reais possibilidades de ação?
> - Em que seu poder é fundamentado?
> - O que é preciso realmente fazer para que, de fato, o homem possa tornar-se humano?

A modernidade consolida a premissa de que só é ético o que se fundamenta na razão humana. Assim, toda e qualquer autoridade deve pertencer ao sujeito e às suas possibilidades racionais, objetivando-se, desse modo, "desdogmatizar" o mundo, eliminando os aspectos exógenos que contrariam seus reais interesses e sua capacidade organizacional. A ação humana passa a afirmar-se em sua capacidade produtiva e nela se centram os valores fundantes do progresso e do desenvolvimento, o qual deve ocorrer pela capacidade de trabalho e de produção dos sujeitos.

Contemporâneos e complementares a Hegel, Marx e Engels apresentam críticas ao constructo moderno e ao capitalismo, seu fruto histórico e organizativo. Com suas teses materialista-históricas e dialéticas, os pensadores pregam a **humanização pelo trabalho**. As carências e incompletudes que o ser humano apresenta quando vem ao mundo seriam sanadas pelo trabalho, pelo qual ele se torna capaz de "[...] alterar a matéria e as formas com que esta assume, humanizando-a, dando-lhe sentido, realizando nela o seu fim" (Marx; Engels, 1971, p. 85).

A ética marxista (se assim é adequado denominá-la) estaria resumida na célebre tese: "Até aqui os filósofos nada mais fizeram do que explicar o mundo. Agora o que importa é transformá-lo" (Marx; Engels, 1971, p. 30). Essa tarefa é trabalho, empenho, marco da passagem humana e de sua força criadora e construtiva, caracterizando-se pela práxis transformadora, que se revela pelo trabalho e pela capacidade produtiva dos indivíduos, em **ações revolucionárias**.

Segundo Vázquez (1977), em *Filosofia da práxis*,

> as contradições fundamentais em que se debate a sociedade capitalista em nossa época chegaram a tal aguçamento que os homens só poderão resolvê-las e garantir para si um futuro verdadeiramente humano atuando num sentido criador, isto é, revolucionário. Hoje, mais do que nunca, os homens precisam esclarecer teoricamente sua prática social, e regular conscientemente suas ações como sujeitos da história. (Vázquez, 1977, p. 47)

Considerando essa ação revolucionária e entendendo a importância de os homens agirem como sujeitos da história, encontramos em Marx e Engels (1979) o senso ético voltado para a dimensão coletiva, para os trabalhadores e proletários e para os oprimidos, embora essa ética se enquadre nos alicerces da ética moderna, pressupondo que a razão humana contemple o progresso, a emancipação e a ampliação da capacidade produtiva da humanidade. A crítica à burguesia capitalista e o desvendamento das aspirações proletárias, de trabalhadores que vendem seu trabalho, sua força e sua vida para sobreviver, apresentam-se na grande obra posterior de Marx, *O capital*, na qual são discutidos os valores e as aspirações de superação da sociedade capitalista e da propriedade privada, pela **revolução do proletariado**.

Na análise marxista, toda a elaboração espiritual, as leis, a moral, a religião e as teorias filosóficas, inclusive aquelas referentes aos valores, são condicionadas pelo desenvolvimento das forças produtivas e pelo embate entre as classes, as quais determinam o processo histórico e as relações de produção (Marx, 1998).

> Em suma, podemos afirmar que duas fortes linhas de pensamento filosófico marcaram a modernidade ocidental, pois, desde o século XVII, se estruturaram e influenciaram os desdobramentos dos saberes e do conhecimento: o **racionalismo** e o **empirismo**. Destes decorreram

> outras correntes do pensamento filosófico, destacando-se o cientificismo, o materialismo, o pragmatismo e o liberalismo.

O racionalismo e o empirismo centram suas premissas na questão da origem do conhecimento humano e de suas possibilidades. Os **racionalistas** entendem que o conhecimento é intuído pela inteligência humana, que dá suporte a todo conhecimento verdadeiro e válido, e consideram que a própria experiência só é válida e tem sentido quando é estabelecida à luz desse mundo inteligível e dado pela razão. Assim, apenas variam os modos como cada um concebe a realidade, mas há sempre uma base fundamental e essencial a essa realidade e ao seu próprio processo de conhecimento. Essa base é a razão humana!

Os empiristas, por sua vez, negam a existência desse mundo ideal e inteligível e afirmam que o real é dado aos sujeitos apenas pelo mundo dos fatos e dos fenômenos, materiais e concretos, nos quais há a inteligibilidade das coisas, ou seja, "o conhecimento só começa após a experiência sensível" (Aranha, 1996, p. 199). Portanto, a experiência seria o fundamento de todos os conhecimentos possíveis e, na concepção dos empiristas John Locke (1632-1704) e David Hume (1711-1776), não há outras formas de conhecimento senão aquelas provenientes da experiência e dos sentidos. Para os empiristas, não há qualquer possibilidade de colher *a priori* as essências dos fenômenos, pois apenas a experiência concreta dará ao indivíduo a condição de conhecimento (Japiassú; Marcondes, 1990).

O racionalismo e o empirismo não se constituem apenas em doutrinas filosóficas ou em teorias sobre o conhecimento, mas em perspectivas socioculturais de cunho englobante em seu período de surgimento, servindo como base para os valores, as atitudes, as ações e as produções humanas, caracterizadas pelo advento do mundo do trabalho, da ciência e da técnica, com suas decorrentes revoluções e modificações no mundo dos valores ético-morais.

O mecanicismo de Galileu e Newton e o cientificismo racionalista de Descartes também contribuíram para a substituição das premissas anteriores, organicistas e essencialistas, ao considerarem a ordem matemática do Universo – ordem esta que é natural e dinâmica e que move os fenômenos e os organiza.

O materialismo como forma de explicar os fenômenos também teve forte influência no início do período moderno. Essa doutrina contempla duas fortes vertentes, o **materialismo dialético** e o **materialismo histórico**, bases teóricas que buscam justificar a ordem das mudanças sociais e políticas como produto dinâmico da ação humana transformadora. Conforme Japiassú e Marcondes (1990, p. 163), *materialismo dialético* é termo empregado por Lênin "para caracterizar sua doutrina, que interpreta o pensamento de Marx em termos de um socialismo proletário, enfatizando o método dialético em oposição ao materialismo mecanicista [pelo qual os fenômenos físicos e sociais são explicados de forma casuística, determinística, pois funcionam como uma máquina]." Por sua vez, consideram os mesmos autores que o termo *materialismo histórico* é "utilizado na filosofia marxista para designar a concepção materialista de história, segundo a qual os processos de transformação social se darão através do conflito entre os interesses das diferentes classes sociais" (Japiassú; Marcondes 1990, p. 163).

Estudo de caso

Um homem era funcionário público, chefe de um setor de fiscalização municipal. Seu salário, embora não fosse alto, lhe permitia sustentar a família e manter o filho na escola particular. A seu cargo estava a tarefa de coordenar os fiscais de obras, autorizando o andamento de projetos regulares e embargando aqueles que estivessem em desacordo com os códigos e a legislação específica. Visando a maiores lucros, uma construtora deliberadamente desrespeitou o projeto original aprovado de uma obra, construindo um pavimento a mais. O fiscal constatou a irregularidade e mandou parar a obra. Dias depois, em vésperas do Natal, a construtora fez chegar à casa do chefe da fiscalização, "como presente", um automóvel zero quilômetro, já devidamente emplacado e registrado no nome do fiscal. Este, não contente em rejeitar o presente, levou o fato ao conhecimento do prefeito municipal e, assim mesmo, sentindo-se responsável pelo fato de a irregularidade ter acontecido sob sua supervisão, colocou seu cargo à disposição do prefeito. O profissional não tinha carro, mas levou consigo a demonstração da ética e da dignidade com as quais sempre exerceu suas funções de servidor público, sentindo feliz por dar o exemplo de consciência moral e de ética profissional aos seus colegas, à sua família e aos seus superiores.

Fonte: Adaptado de Galvão, 1996, p. 97.

1. Considerando os conteúdos já abordados, analise essa história e faça considerações sobre a pertinência e a adequação da atitude do servidor público em relação ao seu exercício profissional. Reflita sobre o caso, coloque-se no lugar do referido funcionário e explique como você agiria em situação semelhante.

Síntese

Na modernidade, o sujeito ético é o burguês, laborioso, integrado no mundo da produção e dono do capital produtivo, motor da sociedade capitalista emergente, com base na propriedade privada. É histórico, dotado de capacidade inventiva para a produção de artefatos que, pelo trabalho, movem a industrialização e o comércio de bens. Esse indivíduo passa a ditar as regras do jogo social, político, cultural e econômico. É a ética da propriedade privada, do trabalho e do capital individual.

O progresso é o grande mito da modernidade, sendo fruto de ações de sujeitos livres para atuar e produzir, fazendo fluir a história. A ciência e a razão, a técnica e a capacidade inventiva incorporam-se na vida moderna e determinam os valores das ações humanas. Assim, todo o processo do conhecimento molda-se aos novos ditames da ciência e da tecnologia, e o *ethos* moderno se instrumentaliza com finalidades práticas e lucrativas.

Nesse contexto, as questões éticas de interesse coletivo, não raro, são desconsideradas e/ou superadas, em prol dos interesses meramente individuais.

Questões para revisão

1. Assinale a alternativa **incorreta:**
   a. As questões ético-morais são históricas.
   b. Cada sociedade, cada cultura apresenta sua visão específica sobre a ética e a moral.
   c. Não é possível diferenciar os valores éticos das premissas morais.
   d. Historicamente, a moral tem determinado as normas que definem os comportamentos e a moralidade de uma sociedade e, não raro, relaciona-se aos determinantes legais dessa mesma sociedade.
   e. A ética é uma forma de refletir e proceder a juízos de valor sobre as ações dos indivíduos de determinado período histórico.

2. Segundo Platão, as três modalidades de estrutura de governo são:
   a. ditadura, democracia e oligarquia.
   b. democracia, Estado nacional e oligarquia.
   c. monarquia, ditadura e democracia.
   d. monarquia, oligarquia e democracia.
   e. anarquismo, democracia e autocracia.

3. Entre as conquistas da modernidade está o desenvolvimento do conceito de indivíduo, como sujeito de direitos e de escolhas livres, conscientes e responsáveis. Assinale a alternativa que define as premissas da ética no mundo moderno:
   a. Sentimento geral de oposição ao classicismo, ao apego aos valores tradicionais, identificando-se com a base teórica do racionalismo e do empirismo.
   b. Valorização do espírito crítico, da razão e da experiência, com a expansão das novas descobertas, invenções e produções humanas.
   c. Centralidade nas ideias de progresso e desenvolvimento, com a valorização da capacidade inventiva e da criatividade humanas.
   d. Incentivo à difusão da ciência e da cultura, culminando com novas descobertas, invenções e produções humanas, assim como avanços científicos e econômicos.
   e. Todas as alternativas estão corretas.

4. Cite e comente os principais períodos do desenvolvimento da ética na sociedade ocidental.

5. Com base nos conteúdos discutidos no capítulo, qual dos princípios ético-morais apresentados poderia ser relacionado com o atual momento histórico da sociedade brasileira? Cite e explique.

Questão para reflexão

1. Qual dos períodos históricos abordados neste capítulo valoriza uma ética mais individualista? Cite e comente.

Perguntas & respostas

1. Quais seriam as capacidades primordiais inerentes ao exercício da vida na pólis que Aristóteles propôs para seu tempo na Grécia Antiga e que, ainda hoje, seriam adequadas ao exercício da função pública?

   *Quando Aristóteles foi a Atenas para aprimorar seus estudos, não suspeitava da derrocada da vida política da cidade-Estado grega, com lutas fratricidas e suicidas. Por isso, esse contexto de crise moral e política foi o grande objeto das proposições filosóficas aristotélicas, com abordagens pertinentes sobre a vida pública dos cidadãos. Entendendo a necessidade de pensar a vida na pólis sem perder de vista os ideais que a transcendiam e a disposição pessoal que devia ter o homem público, Aristóteles apontou que seriam a **sabedoria** e **virtudes prudenciais**, o **equilíbrio** e a **capacidade** para estabelecer a **justa medida** as qualidades primordiais inerentes ao exercício da vida na pólis. Consideramos que essas capacidades são ainda hoje adequadas e necessárias ao indivíduo e ao governante público, para que possam agir com justiça, com desprendimento e com os olhos voltados ao interesse e ao bem comum.*

2. De que modo Kant indicou a necessidade de o sujeito contemplar as bases do dever e como isso é denominado?

   *Kant é considerado o filósofo que propôs os **imperativos categóricos** à sociedade de seu tempo, sendo ele mesmo um exemplo da ética do dever, iniciando, assim, um novo momento da filosofia ocidental. Conheceu e valorizou as conquistas das ciências racionais modernas, mas sempre ressaltando os valores da sabedoria metafísica e da ética para subsidiar seu modo de pensar, cujas características são fortemente embasadas nos princípios do dever, que o pensador alemão denominou de deontologia*

(deontologia kantiana). Nessa perspectiva, o maior dos pressupostos hipotéticos kantianos define que cada sujeito deva agir de tal forma que, em qualquer tempo e em qualquer lugar, suas ações possam ser repetidas por outrem.

Para saber mais

Se você estiver interessado em aprofundar os estudos sobre os temas tratados neste capítulo, sugerimos a leitura dos seguintes textos:

ARISTÓTELES. **A política**. 15. ed. São Paulo: Escala, 1991. (ver Livro 1, Capítulo 2 a 12, p. 61-85)

BAZERMAN, M.; TENBRUNSEL, A. **Antiético, eu?** Descubra por que não somos tão éticos quanto pensamos e o que podemos fazer a respeito. São Paulo: Campus, 2011. (ver p. 1-22; p. 61-76)

✦ ✦ ✦

capítulo três

Diferentes critérios éticos no mundo contemporâneo

Conteúdos do capítulo:

- A experiência ético moral desde a modernidade até o período contemporâneo na sociedade ocidental.
- Constructos éticos do período contemporâneo.

Após o estudo deste capítulo, você será capaz de:

1. entender a questão da experiência ético-moral na sociedade ocidental;
2. compreender os diferentes modos de ver a ética na sociedade ocidental, desde o período moderno, em meados do século XX, até o contemporâneo;
3. refletir sobre a questão básica da ética como parte das práticas cotidianas dos sujeitos em suas relações valorantes, desde a modernidade até o período contemporâneo;
4. identificar alguns princípios ético-morais dos principais pensadores de cada constructo ético-moral da contemporaneidade na sociedade ocidental;
5. analisar os diferentes critérios éticos do mundo contemporâneo e seus desdobramentos na organização social e profissional.

Ao analizarmos neste capítulo os diferentes critérios éticos da sociedade ocidental contemporânea, temos a relevante tarefa de refletir sobre o estudo de alguns dos pensadores mais marcantes desse período, denominado também de *período pós-moderno*.

3.1 *Aspectos gerais*

Desde os primórdios do pensamento ocidental, o embate filosófico sempre esteve voltado à questão do **ser**. Para alguns pensadores, o ser é uma essencialidade (essencialismo, racionalismo, idealismo), outros propõem que é apenas existência (existencialismo, materialismo, pragmatismo). Enfim, essa questão se desenrola ao longo da história do pensamento humano e, certamente, não é simples resolvê-la. É um problema filosófico de base e, portanto, condicionado às visões de mundo que o sustentam. Dessa forma, pensar o ser consiste em ter posição clara e consistente sobre a questão de o ser se constituir em essência ou em uma existência em concretude.

A renovação contemporânea dos princípios éticos clássicos pressupõe o questionamento:
- dos princípios religiosos;
- da força afirmativa da vida humana;
- da realidade;
- da responsabilidade, da liberdade, da igualdade e da diferença;
- da autodeterminação e do respeito à vida;
- da ciência, da civilização tecnológica e dos fenômenos decorrentes.

Neste início de milênio, em virtude das crises que se institucionalizam, dos perigos que rondam a civilização, dos problemas da ciência, da técnica e da tecnologia, em meio aos avanços ímpares que se apresentam com a globalização econômica e a tudo aquilo que isso acarreta para os povos, acentuam-se as **seletividades** e as

separatividades, os excluídos do processo social, a fome, a miséria, a crise ecológica, a violência, as migrações constantes e desumanas, os riscos da não subsistência dos recursos naturais, comprometendo a sobrevivência das pessoas e colocando a racionalidade científica e suas premissas determinísticas em xeque.

Enfim, diante de um sem-número de questões globais e interconectadas, urge que sejam repensados as normas e os princípios fundamentais da ação humana e os valores que a fundamentam. Como afirma Oliveira (2000b, p. 7), "se há algo que caracteriza de forma incisiva o mundo contemporâneo é, sem dúvida, a desproporção entre a velocidade absurda do progresso científico-tecnológico e o vácuo que se formou a partir da negação dos sistemas tradicionais de valores".

Permeando a referida crise, a não sustentação de fundamentações ético-morais, a parcialidade de entendimentos sobre valores fundantes da ação humana e uma generalização do individualismo que se exacerba a cada dia têm deixado perplexos aqueles que, de alguma forma, tentam ainda pensar e agir à luz de uma configuração societária justa, equânime e solidária.

Em meio a tais situações de crise e de insustentabilidade, surgem alguns pensadores que, ultrapassando as limitações de seu mundo imediato, têm proposto e explicitado reflexões, tendências e perspectivas para uma **ética contemporânea**. Elencamos, na sequência, algumas dessas ideias, destacando seus pensadores mais significativos, em suas categorias-chave de embasamento filosófico e em suas pretensões de desenhar ações, todas de cunho coletivo e de responsabilização por parte dos homens e das sociedades da contemporaneidade.

Condições históricas no período contemporâneo:
- desafio extremo para o alcance da compreensão interindividual, da convivência e do respeito às diferentes expressões culturais e sociais das diversas sociedades e grupos sociais;

- necessidade de buscar soluções positivas para o problema das diversidades sociais, culturais, de gênero, de crenças, de situação vivencial, em nível global;
- urgência de estabelecer e vivenciar princípios ético-morais que respeitem a todos e a cada um;
- emergência de direitos humanos individuais e coletivos como princípio do desenvolvimento ético das pessoas e das sociedades;
- complementaridade entre particularismo e universalismo, em uma ordem jurídica abrangente e válida universalmente;
- necessidade de implantar uma sociedade multicultural equânime, qualitativa e mais colaborativa para todos.

As diferentes perspectivas filosóficas contemporâneas com premissas ético-morais apresentam raízes que remontam ao problema filosófico de base, porém caracterizam-se por dimensões mais voltadas à questão existencial dos sujeitos. Todos eles, a seu modo, abarcam pressupostos sobre o agir, o refletir, o modificar a si mesmo e a sua ambiência por intermédio de ações de cunho prático, contextual e emergente, a serem desenvolvidas na dimensão coletiva e social dos espaços organizacionais e institucionais.

Portanto, alguns aspectos fundantes do pensamento filosófico contemporâneo têm sua base nas premissas:
- da ética existencialista;
- da ética da ação comunicativa;
- da ética da alteridade e da transcendência religiosa;
- da ética da responsabilidade da civilização tecnológica; e
- da ética da justiça, cujos alicerces teóricos se voltam às ações do mundo humano e suas consequências, bem como ao seu desenvolvimento prático e contextual com base em seus valores de sustentação.

> Vale lembrar que a questão ética não deve ser restringida e/ou ser reduzida:
> + à mera aceitação das normas socialmente estabelecidas;
> + ao problema da criação dos valores por uma liberdade solidária.
>
> Isso porque se constitui na expressão da possibilidade de autonomia, do poder do indivíduo como ser dotado de vontade racional e livre (livre-arbítrio) de dar a si mesmo as leis fundamentais do bem agir perante o outro.

Em todas as ações e relações humanas, há a **permeabilidade** ético-moral, entendida como um conjunto de valores e critérios fundantes que servem para atribuir em cada caso uma conotação de **ação boa** ou de **ação má**. Tais valores nem sempre são claros e explícitos, deixando ao sujeito a liberdade para escolhê-los, sendo que, não raro, falsos valores são mascarados por interesses de grupos econômicos detentores de grande riqueza, prestígio e poder hegemônico. Tais grupos são mantidos pelas dimensões midiáticas e também pelo poder de difusão das novas tecnologias de informação e comunicação.

3.2 Ética existencialista

O existencialismo é uma proposição filosófica centrada na existência e no indivíduo em sua concretude e estimula a oposição entre essência e existência dos seres, privilegiando esta última. Propõe que o indivíduo é aquilo que ele faz de si e de sua vida, nos limites das determinações físicas, políticas e histórico-sociais que pesam sobre ele. Essa corrente de pensamento considera que não existe uma natureza humana ideal e a existência real está sempre em desenvolvimento.

O cerne do pensamento existencialista reside na questão da liberdade, pela qual cada indivíduo é definido por aquilo que ele próprio faz. Os existencialistas se interessam pela vida política e entendem que somos responsáveis por nós mesmos e por aquilo que nos cerca. Sob essa perspectiva, nossa obra é aquilo que nos cerca, é o resultado de nossa ação.

O ponto crucial do existencialismo é a percepção extraordinária do indivíduo contemporâneo perante as crises dramáticas da civilização e a ruptura de seus horizontes pela própria capacidade humana de prover criações e artefatos sociais e industriais destrutivos. Isso o faz relacionar-se com uma nova dimensão: a da **liberdade-necessidade-responsabilidade participativa.**

É com Søren Kierkegaard (1813-1855) que, em uma reação à visão sistemática da realidade do tipo hegeliana (que dissolve a existência contingente e singular do indivíduo em um conjunto e em um processo lógico, reduzindo-o ao absoluto do sistema), o existencialismo se firma como uma forte tendência filosófica, na qual surgem postulados comuns e muitas divergências internas. De todo modo, o existencialismo tem se desenvolvido como reflexão sobre a condição humana, sendo, portanto, possível falarmos em uma **ética existencialista**. Apesar das diversas abordagens do real e da diversidade das posições que o existencialismo abriga, podemos chamá-lo mais amplamente de *filosofia da existência*. Duas grandes linhas são evidentes no existencialismo:

1. o existencialismo ateu, com Jean-Paul Sartre (1905-1980) e Martin Heidegger (1889-1976); e
2. o existencialismo cristão, com Gabriel Marcel (1889-1973), Emmanuel Mounier (1905-1950) e Martin Buber (1878-1965).

Essa diversidade de posições fica evidente quando contrapomos as ideias dos pensadores desse período. Em Heidegger, a preocupação filosófica parte da consideração do indivíduo como **ser-no-mundo**, o que o leva a procurar o ser absoluto no fundo da subjetividade humana, na busca da constituição de uma ontologia do desvelamento das raízes da linguagem.

Em Sartre, a despeito da influência recebida do aparato teórico fenomenológico, o senso da contingência humana cedo o conduziu à formulação de uma noção de liberdade relativa, ou seja, "uma liberdade em situação", imediatamente ligada à noção de responsabilidade que estende a angústia existencial ao **engajamento político**. Assim, a questão da liberdade transforma-se em elemento central das ideias políticas e filosóficas do existencialismo e coloca-se no cerne das discussões e problemáticas existenciais.

Sartre (1973) defende que, não obstante a influência de valores externos, ideológicos ou não, nessa confusão de valores e visões de mundo, o indivíduo é livre e responsável por sua liberdade. Assim, ele é livre para dar sentido às coisas, porém é obrigado a dar esse sentido às suas ações, exatamente em decorrência dessa mesma liberdade.

> Segundo Sartre (1973), as escolhas existenciais dependem dos fins que se formulam nas proposições que relatam a hierarquia de valores. A escolha se realiza sem pontos de apoio, não se fundamenta em nenhuma razão preestabelecida, pois toda razão ou motivo viria ao mundo ressaltando a importância da liberdade humana, ou seja, cada um deveria poder estabelecer livremente as normas do verdadeiro, do belo e do bom, sendo, portanto, o próprio sujeito o fundamento básico de todo valor.

Pelo exposto, podemos observar que o existencialismo se constitui com base em outra leitura sobre o mundo real, uma espécie de retorno ao **eu individual concreto**. A experiência que leva o homem moderno a refugiar-se no eu é dada pela insuficiência do idealismo para responder às questões e às reais inquietações do ser humano, pelo fato de fazer deste um mero ser abstrato, destinado a perder-se na imensidão dos oceanos universalizantes.

Conforme Rodrigues (2008), em Gabriel Marcel, filósofo francês e existencialista, encontra-se a crítica mais grave feita às filosofias tradicionais, ao entender que as realidades concretas do indivíduo (que vive, luta e sofre aqui e agora) permanecem definidas por valores externos a ele. Marcel aborda o indivíduo livre e suas liberdades perdidas em sua obra de referência *Os homens contra o homem* (Marcel, 2000), referindo-se à crise de valores e das formas de opressão, aviltamento e despersonalização dos homens e das realidades humanas. Entende Marcel (citado por Rodrigues, 2008) que, seja nos idealismos, seja nos materialismos, o conjunto de correntes de pensamento considera e reconstrói o mundo por meio de princípios abstratos e universalizantes e não o fazem com base em premissas relacionadas aos contatos diretos ou pessoais com a realidade.

O sujeito que interessa ao existencialismo é o sujeito humano, em sua concretude e cotidianeidade, ou seja, com seus problemas concretos e vivenciados em um contexto específico de ação. No existencialismo, a existência humana é entendida tal como os seres humanos a vivem em seu cotidiano e a expressam de modo ativo, angustiante, problemático e complexo.

> O contexto das duas grandes guerras mundiais reflete-se no pensamento existencialista, que retrata o estado de espírito da humanidade, pleno de tensão nos períodos anteriores aos conflitos e das marcas trágicas do desengano, do desespero e da insatisfação com os pós-guerras. Esse é o caráter dinâmico e dramático dos pensadores dessa vertente, que, em sua maioria, reflete a angústia de um tempo de barbárie e violência, no qual a vida humana e os mais elementares direitos são violados e vilipendiados.

Os próprios fundamentos da existência humana são colocados em questão pelos pensadores existencialistas ao questionarem qual razão permeia as ações humanas. Para eles, a humanidade está submersa em conflitos universais, entregue a destinos desconhecidos, diante da ameaça permanente da guerra e da morte, cheia de angústias cruciais em face da escala dos acontecimentos, sentindo-se angustiada, perdida, sem rumo; há carência de valores de base humana, e a destruição permeia a existência do indivíduo.

Então, como reagir? Quais valores sustentar diante da massificação da violência e da desumanização da vida? As mídias globais reforçam relações de poder, de desafios, de não solidariedade e liberdade – essas são algumas das questões-chave da ética existencialista.

Martin Buber (1955), na obra *Eu e tu*, escrita antes da Segunda Guerra Mundial, formulou uma espécie de **antropologia existencialista**, distinguindo a ascensão e a queda do homem da época em dois aspectos interessantes: em primeiro lugar, considera o aspecto da degeneração das formas tradicionais de convivência humana, tal como a família e as comunidades rurais, religiosas etc.; em segundo, considera o fato da perda de domínio do indivíduo sobre o mundo por ele criado. Na obra *Le problème de l'homme*, Buber (1960, p. 19) considera que, na corrente existencialista, o que aparece "É o homem ultrapassado por suas próprias obras, um mundo mais forte que seu criador, um mundo que dele se liberta e ameaça vencê-lo".

Seguindo na senda do pensamento existencialista, surge Emmanuel Mounier, um montanhês convicto de seus valores e de sua existência que, além da crença na pessoa humana, crê na nova civilização que emergirá da crise pela qual perpassa a sociedade ocidental de seu tempo. Conforme Mounier (2010), nessa situação, o indivíduo teria três perspectivas de escolha: entregar-se ao catastrofismo, lamentar-se ou afrontar a realidade e reconstruir-se a si e ao mundo.

A teoria personalista cristã de Mounier (2010) é existencialmente situada e permeada por valores humanos, recusando **o niilismo** e convocando os sujeitos para que juntos refaçam a renascença, engajando-se na realização daquilo que ele denomina de *revolução personalista comunitária* (RPC), na qual devem fazer-se presente uma humanidade revitalizada e uma ordem social em que desabrochem os valores da pessoa humana em plenitude.

Mounier (2010) acredita que a saída para a crise de seu tempo é existencial e deve dar-se por uma espécie de despertar pessoal e comunitário, no qual, sem ativismos e sem alienações, os sujeitos repensem a si mesmos e a sociedade em que vivem. Mounier (2010) considera que a ameaça sobre a existência humana nunca se mostrou tão terrível quanto nesse período histórico de transição e de passagem, no qual as certezas e as posições seguras são fluidas e surge um mundo de angústias e incertezas. Nessa fase de transição, o indivíduo sente-se impotente ante sua própria obra, considerada destrutiva e ameaçadora, o que exige respostas convincentes à questão da existência humana, em uma época em que o sistema de valores se encontra ameaçado. O caos e a catástrofe que a humanidade vivencia caracterizam a possibilidade de um novo sentido para as reflexões filosóficas existenciais.

> As doutrinas existencialistas, ao questionarem largamente o problema do nada que somos, do absurdo do mundo e do desespero da existência, correspondem à extraordinária crise do indivíduo contemporâneo, que, perante o contexto civilizatório ocidental e a ruptura com as certezas históricas da modernidade, atado ao peso de suas próprias criações sociais, ideológicas, tecnológicas e científicas, consciente de sua capacidade autodestrutiva, entre maravilhado e aterrorizado, encontra-se perplexo e, não raro, impotente e estarrecido diante do alcance de suas próprias obras.

Na análise de situações vitais, o sujeito está sempre em **conflito** consigo mesmo ou com o outro ao problematizar suas dificuldades, dúvidas e contingências. O indivíduo tem de se recriar em sua finitude, e dois caminhos se apresentam para tanto:
1. o da experiência do desespero, da angústia, da solidão (náusea sartreana); e
2. o da experiência da comunicação, do diálogo, do amor (convivência buberiana).

Está posta aí a questão fulcral da ética existencialista mouneriana: a capacidade de opção livre do indivíduo entre a degradação, o desespero e a angústia, de um lado, e o encontro, a convivência, e a intersubjetividade, de outro; tal questão foi posteriormente mais bem apresentada por filósofos contemporâneos. Kierkegaard, um dos existencialistas mais significativos do pensamento ocidental, considera que a liberdade, apesar de às vezes parecer ilusória, é uma realidade e, se alguma teoria estiver em conflito com esse fato, deve ser abandonada.

Portanto, o existencialismo mouneriano também rejeita toda e qualquer situação embasada em generalizações e em exclusões, resultado de situações tradicionais e modelares, das quais as ações propriamente humanas são excluídas.

De alguma forma, o pensar existencialista mouneriano levanta algumas categorias que se envolvem, por seu enfoque humanista e comprometido com a modificação das ações humanas, com algumas categorias do pensar habermasiano, que será apresentado a seguir, em suas determinações mais evidentes da importância da ação comunicativa e dialogal entre os sujeitos, na busca de um consenso que lhes permita serem representados na sociedade.

3.3 *Ética da ação comunicativa*

Jürgen Habermas (1929-), filósofo alemão da segunda fase da Escola de Frankfurt, não apresenta apenas um princípio novo em face das crises de valores e da ética na contemporaneidade, mas o enraíza em uma nova concepção de racionalidade e em um modo diferente de entender os valores e os princípios de desenvolvimento da sociedade capitalista, com seus avanços no desenvolvimento científico e comunicacional.

O pensador frankfurtiano questiona: Atualmente, é fundamental comunicar-se? Como comunicar-se efetivamente? As possíveis respostas às indagações trazem consigo a necessidade de novos olhares e entendimentos sobre as relações sociais, exigindo o exercício de linguagens intercompreensivas e interdialogais. Habermas (1989) trabalha com a proposição de paradigma para uma moral societária, com procedimentos requeridos à ação humana, caracterizando-se pela ação dialogal comunicativa, pela reciprocidade e pela exigência de uma postura de não violência.

Habermas, na obra *Consciência moral e agir comunicativo* (1989), ao propor que os indivíduos contemporâneos exercitem o que denomina de *racionalidade comunicativa*, nada mais faz que apresentar tentativas de entendimento entre os sujeitos, de modo consensual e dialógico. Essa racionalidade comunicativa envolve a intencionalidade da consciência, que se expressa na linguagem ou em princípios de comunicação transparentes, referindo-se às normas de universalização do discurso, as quais devem estar a serviço do acesso às dimensões éticas. Dessa forma, é proposta uma recontextualização dos procedimentos argumentativos, em uma revisão da supremacia da subjetividade, na busca do consenso entre os indivíduos de uma mesma sociedade.

> Uma das características fundamentais da ética do discurso de Habermas (1989) é a necessidade da **busca do consenso**, porém isso somente pode ser atingido quando o discurso for produzido por uma regra de argumentação, ou seja, pela superação do critério ou do princípio de universalização teórica. Habermas pressupõe os princípios mediadores ou os princípios ponte (*Bruckenprinzipien*), os quais permitem o trânsito do particular para o geral. Em Habermas (1989) o princípio mediador é a indução, no caso do discurso teórico, e a universalização no caso da ação prática.

De acordo com Habermas (1989), o princípio da universalização é o **princípio ponte**, que pode tornar possível o acordo com argumentações morais, excluindo qualquer aplicação monológica na argumentação discursiva. A aplicabilidade desse princípio universal comunicativo-discursivo "levaria à superação de mal entendidos formalistas e leituras seletivas" (Habermas, 1989, p. 84), sendo validadas todas as proposições passíveis de universalização por encarnarem manifestamente "um interesse comum a todos os concernidos" (Habermas, 1989, p. 84), merecendo reconhecimento intersubjetivo. "A formação imparcial do juízo exprime-se, por isso, em um princípio que força cada um, no círculo dos concernidos, a adotar, quando da ponderação de interesses, a perspectiva de entendimento de todos os outros" (Habermas, 1989, p. 84).

Portanto, para Habermas, a adoção de certas normas morais como adequadas e válidas leva os indivíduos a aceitar também as consequências e os efeitos colaterais que resultarem de sua aplicação. Isso se caracteriza como uma **ética participativa e discursiva**, na qual se pressupõe que todos, sem distinção, tenham o direito de emitir sua opinião no grupo de argumentação e deliberação. A condição de universalidade está, pois, estreitamente ligada e vinculada à discursividade, na qual, segundo o pensador, se constitui outro grande princípio ético, superando-se as éticas universalizantes que determinam exogenamente a validade dos princípios (Habermas, 1989).

Ainda de acordo com a ética do discurso habermasiana, uma norma só deve pretender validez quando todos os que possam ser concernidos a ela chegarem a um acordo, como participantes de um discurso prático. Nela, pressupõe-se que a escolha possa ser fundamentada em princípios universais comuns, entendendo-se que exista um conjunto de pessoas que interagem discursivamente e que as normas norteiam as ações desse mesmo grupo (Habermas, 1989).

> Fazem parte desse círculo dialogante também os futuros possíveis membros desse grupo, abrindo-se a possibilidade de argumentações posteriores que devem, a seu tempo, ser levadas a termo. Assim, as argumentações morais nunca devem ser impostas, mas discursivamente colocadas, sendo preciso dirimir consensualmente os conflitos da ação presente, com vistas ao futuro das novas gerações (Habermas, 1989).

Os conflitos no campo prático resultam de um acordo normativo perturbado. A reparação só pode consistir, portanto, em uma argumentação intersubjetiva, não no nível monológico, mas no nível consensual, no qual a vontade comum, capaz de representar o acordo e o assentimento coletivos, possa ser expressa. Nesse sentido, é preciso uma argumentação real, da qual sejam participantes cooperativamente todos os envolvidos, presentes e futuros, num processo de entendimento mútuo, intersubjetivo, no qual o processo seja de natureza reflexiva (Habermas, 1989).

Assim, somente a participação efetiva de cada pessoa concernida pode prevenir a deformação da perspectiva na interpretação dos interesses próprios dos demais participantes, e isso, de acordo com Habermas (1989), só é possível pela ação comunicativa. Lima Vaz (1988, p. 70) entende que a ética discursiva habermasiana consiste em mais um dos esforços pós-kantianos para "estabelecer um conteúdo adequado à forma universal do dever-ser [...] utilizando-se da razão prática, por meio da Ética Discursiva fundada na racionalidade comunicativa, unindo o discurso argumentativo e a racionalidade histórica do mundo-vida".

A produção filosófica contemporânea é profícua e apresenta reflexões sobre as mais diversas formas de ação humana. Na sequencia, entendemos que seja interessante apresentar a perspectiva de Emmanuel Lévinas sobre a ética da alteridade e da transcendência religiosa, a qual teve forte influência no pensamento latino-americano por meio de Henrique Dussel, com a denominada *teologia da libertação*, tema de que não trataremos aqui em razão de seu cunho teológico, que não é foco da presente obra.

3.4 *Ética da alteridade e da transcendência religiosa*

Com foco nos princípios da ação humana, nos aspectos comunicacionais e dialogais, em meados do século XX, surge o pensamento de Emmanuel Lévinas (1906-1995). Na obra *Humanismo do outro homem* (1972), esse pensador faz uma crítica à moralidade e à eticidade da sociedade contemporânea por meio dos princípios bíblicos do judaísmo e do Talmud, com fundamentos de religiosidade, não apenas embasados no passado, mas em uma crítica aos valores que originaram seus princípios éticos.

Na ética da transcendência religiosa de Lévinas (1972), a alteridade é um dos princípios fundamentais e, segundo o autor, precisa permear o caminho da moralidade como um dos seus fundamentos definitivos. A necessidade de alteridade entre os indivíduos é ponto de saída para uma crítica dupla: crítica ao totalitarismo da sociedade centralizada nos conceitos de ocidentalização e aos primados ontológicos que a sustentam (ser e não ser).

> Com seus pressupostos de crítica à moralidade e à eticidade da sociedade contemporânea, Lévinas (1972) repudia os princípios que sustentam a sociedade ocidental e propõe uma síntese pacificadora caracterizada por "uma ética da presença do outro", que o autor denomina de *ética da alteridade*, a qual deve sustentar-se nas relações intersubjetivas, em uma ação não autoritária ou sintetizadora entre as ações dos sujeitos.

Assim, Lévinas procede a uma crítica radical à totalidade dos princípios sustentadores da sociedade ocidental e dos princípios da síntese universal observados na história da filosofia, com suas visões unificantes e globalizantes. A **ética da alteridade** de Lévinas (1972) propõe uma postura antidogmática e humanizante do e sobre o homem, baseada em princípios de encontro e reencontro consigo e com o outro, do humano com o humano, assumindo-se a responsabilidade de auto e intertransformação, em uma relação voltada ao desvelamento do ser e ao reencontro com seus semelhantes.

Na ética da alteridade de Lévinas (1972), *reencontro e responsabilidade* são termos-chave para que, numa ação de alteridade, haja uma re-humanização dos indivíduos e da sociedade, a fim de que sejam impedidas todas as formas de violência, de autoritarismo e de dominação, de modo a se construir uma sociedade de iguais, de valores autorresponsabilizantes e de princípios de benevolência, de respeito mútuo e de construção de possibilidades inter-relacionais e de encontros e reencontros, nos quais, pelo reconhecimento da presença do outro, cada sujeito se reencontre e vivencie valores humanos e éticos.

Vale ressaltar a importância de um pensar na perspectiva do outro. No pensamento de Lévinas (1972,) destaca-se a dimensão individualista vigente na sociedade contemporânea, a qual se evidencia também quando Hans Jonas critica a sociedade tecnológica, como veremos a seguir, ressaltando a responsabilidade daqueles que constroem ciência e tecnologia em relação àqueles que sofrem suas consequências.

3.5 Ética responsabilizante da civilização tecnológica

A sociedade contemporânea, orgulhosa de suas conquistas e de seus avanços, consciente de sua capacidade de construir e de inovar, perde suas referências ético-morais, e muitas de suas obras e ações não consideram o outro, o diferente, o diverso, o que está à margem desses avanços civilizacionais.

Mediante constatações desse nível, surge o constructo crítico-reflexivo de Hans Jonas (1903-1993), pensador alemão que propõe uma metafísica para o domínio e a reflexão **sobre** e **do** campo tecnológico e suas conquistas na sociedade contemporânea.

A doutrina de Jonas, descrita de modo especial na obra *O princípio da responsabilidade: uma ética para a civilização tecnológica* (2006), tem como base o princípio da **igualdade** e **responsabilidade** entre os homens, em face de suas próprias conquistas e invenções, apresentando-se como uma das grandes linhas éticas da contemporaneidade. Assim, o autor discute e questiona os princípios e ideais de progresso e de tecnologia das utopias civilizacionais contemporâneas.

Jonas (2006) afirma que as éticas tradicionais estão "caducas" e que o mundo necessita de novos princípios, fundamentando seu projeto ético na necessidade de mudanças no agir humano, reavaliando o próprio conceito de **subjetividade humana**. Além disso, ele questiona a tecnologia e a ciência em seus modelos artificialistas voltadas à tentativa de prolongar a vida, controlar os comportamentos, proceder à manipulação da vida pela engenharia genética, enfim, critica todos os procedimentos científicos que prescindem de valores humanos e humanizantes e que reduzem o indivíduo à condição de escravo da tecnologia e da ciência.

Outro aspecto interessante no pensamento de Jonas é a substituição dos imperativos categóricos kantianos por outros, que implicam a urgente necessidade de integridade e de novos princípios de justiça. O pensador considera a humanidade fragilizada em face dos avanços das tecnologias e vista apenas como objeto das tecnologias inquietantes. Diante dos desafios da sociedade contemporânea, ele resume seus novos imperativos em quatro necessidades e modos de ação entre os sujeitos, sugerindo a importância de se estabelecerem ações:

1. compatíveis com a permanência de uma vida autêntica e humana;
2. não subservientes, mas de responsabilidade e solidariedade;
3. que não tenham efeitos destrutivos e que possibilitem a existência de redes de comunicação colaborativas e realmente pressupostas em prol do agir comunicativo na grande aldeia global;
4. integradas para possibilitar um futuro de sobrevivência global à humanidade.

> Assim, Jonas (2006) afirma que, mediante a impossibilidade das éticas clássicas de lidar com as possibilidades do futuro, apenas aproximando-se do presente, é preciso visualizar os problemas inevitáveis do avanço das tecnologias na vida das pessoas e no planeta. Com isso, defende que, em razão da arrogância política que o poder tecnológico outorga ao sujeito contemporâneo, é preciso estabelecer, pela ética da ação responsabilizante, princípios ético-morais válidos e justificáveis para atribuir sentido e significado a descobertas e avanços científicos que não sejam apenas aqueles da ideologia do progresso mercadológico.

Esse princípio ético de Jonas pressupõe uma **ação de esperança** que responde às necessidades de enfrentamento dos problemas de nosso tempo, situando-se na importância e na necessidade de reavaliar esses avanços tecnológicos e repensar os princípios de desenvolvimento por meio de uma ética responsabilizante e equitativa. Essa ética responsabilizante deve atuar promovendo valores diferenciados entre os sujeitos, os povos e as nações, mediante a criação, o uso e a disseminação dos avanços da ciência e da tecnologia, que nem sempre são acessíveis a todos, colocando-os a serviço da humanização e da minimização das misérias da existência humana.

Uma sociedade altamente tecnológica torna imprescindível uma **ação responsabilizante**, conforme propõe Jonas (2006), e levanta a preocupação com a ideia de quem será responsável pelas formas diferenciadas de estabelecer relações entre os sujeitos que a constroem e aqueles que a vivenciam e sofrem suas consequências, o que determina a necessidade de reflexões éticas, mas também a reconstituição de determinações legais, no campo do direito e da justiça. Surge, nessa sequência histórica, a importância do pensamento de John Rawls, com sua ética da justiça, que, embora não trate apenas dessa questão, envolve o constructo englobante dos valores da sociedade contemporânea.

3.6 Teoria ética da justiça

Cada vez mais, temos percebido e discutido a importância dos avanços científicos e dos inúmeros constructos tecnológicos que tomaram espaços ampliados e determinantes na vida das pessoas, das sociedades e dos povos no período contemporâneo, modificando comportamentos e trazendo consigo valorações nem sempre humanizantes. As tecnologias inovadoras da atualidade são complexas, avançadas, desafiadoras e interessantes, porém nem sempre têm servido para promover justiça, solidariedade, colaboração e participação de muitos sujeitos nos benefícios resultantes de seus constantes e céleres avanços.

Tais constatações levantam alguns pontos que interessam e precisam ser objeto de reflexão, relacionando-se às dinâmicas de desenvolvimento de valorações e de princípios teóricos que se sucedem e se definem nos constantes problemas e necessidades humanas e que objetivam entender os fundamentos valorativos dessa mesma sociedade. Entre as vertentes já citadas e outras que não são objeto das análises aqui empreendidas, há a **teoria da justiça** de John Rawls (1921-2002), apresentada nas obras *Ética da justiça* (1971) e *Uma teoria da justiça* (1990). Essa teoria é uma das mais adequadas ao entendimento dessa complexa sociedade contemporânea e de seus valores fundantes.

A teoria e os princípios da ética da justiça proposta por Rawls são considerados como uns dos mais importantes estudos no campo filosófico e ético contemporâneo. As principais questões colocadas por Rawls (1990) são:
+ O que é justiça?
+ O que é uma ordem justa e estável?
+ Como se explicam as regras que presidem a distribuição dos bens e as vantagens entre os indivíduos?

Podemos perceber que o interesse de Rawls é analisar os princípios que propiciam as desvantagens e as diversidades sociais, bem como as atribuições de direitos e liberdade entre os indivíduos. Para isso, sua proposição de uma teoria da justiça visa reorientar os indivíduos que, com a nova ordem mundial – queda das ideologias reducionistas, do marxismo-leninismo e mediante a supremacia da ordem capitalista –, se encontram desorientados, tornando-os aptos a questionar quais princípios deveriam direcionar a ação política. Do mesmo modo que Habermas, Jonas e Lévinas, Rawls repensa os valores da modernidade ocidental e se propõe a analisar a contemporaneidade e seus valores fundantes.

> Com sua teoria da justiça, Rawls (1990) pretende apresentar uma opção ao utilitarismo contemporâneo que predomina na sociedade ocidental. O autor raciocina, portanto, com base nos princípios do estabelecimento da justiça entre homens e mulheres, num esforço máximo para reconduzir a relação de liberdade, verdade e justiça, em uma nova ordem cultural, na qual prevaleçam as relações de **equidade** e **harmonia**, visando ao bem coletivo.

É possível afirmar ainda que a doutrina desse pensador é de ordem **contratualista**, porém encontra-se embasada num contrato social a ser estabelecido entre pessoas livres e racionalmente justas. Essa justiça seria designada com base na necessidade de convenções adequadas àqueles que livremente se organizam em sociedades políticas e eticamente situadas, com a possibilidade de serem fundamentados por um ideal justo e equânime, sem necessidade de arbitrariedades e totalitarismos.

Tendo em vista essa finalidade, Rawls (1990) imagina assembleias de pessoas livres, reunidas para questionar e elaborar as normas e os princípios que permitam levar os indivíduos e as estruturas sociais ao entendimento, à justa organização e à repartição equilibrada dos bens essenciais para a vida e a sobrevivência dignas, nas quais os procedimentos e as ações se voltam ao estabelecimento do equilíbrio e da sabedoria justa.

Dois princípios de justiça caracterizam o pensamento de Rawls – o da **diferença** e o da **igualdade** –, os quais não seriam idealmente nem os princípios do liberalismo capitalista nem os do socialismo estatizante, mas os princípios de equidade, com base nos quais há uma conjunção de esforços dos iguais para respeitar os diferentes. Nas palavras de Rawls (1990, p. 91), nesses princípios "seriam colocados também os direitos dos menos favorecidos, corrigindo as distribuições e dissonâncias das sociedades utilitaristas contemporâneas". Isso implicaria um estabelecimento de direitos e deveres vindos de bases sociais mais justas, exigindo-se que aqueles mais bem posicionados não oprimissem os demais, pois suas vantagens deveriam servir para amenizar e reduzir as desigualdades sociais.

> Rawls (1990) organiza o discurso ético em torno da justiça como norma e princípio ordenador da sociedade. Esse princípio objetivo, democraticamente elaborado, abrange dois aspectos do convívio humano: o respeito incondicional às pessoas e a distribuição equitativa e justa dos bens materiais. Assim, Rawls (1990, p. 86) afirma que "As virtudes morais são excelências e é razoável desejá-las para si e para os outros. Ora, é claro que estas excelências se manifestam na vida pública de uma sociedade bem ordenada. Assim, a atividade coletiva justa é a forma mais importante da obtenção da felicidade humana".

Nesse contexto, o edifício ético da sociedade deve ser bem constituído para que sobre ele sejam levantados os auspícios da justiça, no exercício da virtude maior, que seria a ordem jurídica. Nesse sentido, a sociedade seria um sistema equitativo de cooperação entre cidadãos livres e iguais, em que a ética consistiria em fazer cumprir a justiça. Conforme propõe Rawls (1990, p. 93, grifo do original), "o convívio *justiça-virtude-princípio* confere sentido ao sonho humano de todas as civilizações: Viver feliz numa ordem social justa".

Para combater a aberração da ordem macroeconômica atual, injusta e excludente, a tese de Rawls conjuga justiça com virtude pessoal, entendendo tal conjugação como princípio social fundamental. Em síntese, as pessoas que praticam a justiça querem viver em estruturas sociais justas e equitativas, significando que a ordem política justa é a suprema instância ética da sociedade, cabendo-lhe o dever de harmonizar todas as estruturas com o princípio central: "Uma sociedade justa para todos os cidadãos" (Rawls, 1990, p. 102).

Acreditamos ter sintetizado o pensamento dos principais autores que apresentam reflexões éticas sobre a sociedade contemporânea e seus valores fundantes, com suas premissas os seus principais constructos ético-valorativos que melhor atendam às relações entre a sociedade e os sujeitos que as compõem. Compreendemos que esses princípios sejam fonte e indício da preocupação humana de busca constante de harmonia, de discernimento, de capacidade de escolhas e de tomada de decisões mais éticas e que possam fundamentar as atividades de governança e gestão de espaços sociais e públicos.

Assim, princípios e ações eticamente fundamentados devem servir para buscar e assegurar a presença da *eudaimonia* (felicidade), como fim último da vida humana, proposta por Aristóteles (1991a) nos primórdios da civilização ocidental, no século IV a.C. Essa felicidade é fundamental para o equilíbrio e a justiça social que todos desejam e deve estar presente nas ações e nas decisões dos governantes e dos governados, que, juntos e envolvidos em uma perspectiva dessa natureza, podem entender a importância dos princípios éticos, não apenas como fatores de controle, mas como elementos de valoração construtiva em prol do bem comum.

Segundo as proposições de Oliveira (2000b), o pensamento filosófico contemporâneo não pode furtar-se à articulação de uma ética pensada e proposta com base em grandes problemas que vêm marcando nossa contemporaneidade. Assim, como uma primeira exigência básica, é necessário refletirmos sobre as tradições éticas do passado, mesmo que as questões por elas tratadas não sejam idênticas às atuais; como segunda exigência, não podemos deixar de a reconhecer as vinculações da filosofia prática com o amplo arcabouço da reflexão ético-filosófica em suas afirmações sobre a estrutura do ser e suas implicações de pretensões de validade; em terceiro lugar, não podemos situar as proposições em uma ética exclusivamente individual e/ou em uma ética exclusivamente política, pois, de acordo com Oliveira (2000b, p. 236), "sem metafísica a ética não poderá ser fundamentada, sem filosofia política ela não poderá se complementar". E, para finalizar nossa abordagem dos principais constructos ético-valorativos da sociedade contemporânea, acrescentamos que, sem as reflexões éticas, essa tarefa será quase inatingível.

Estudo de caso

No sistema capitalista contemporâneo, com alta concentração de renda e com inovações tecnológicas céleres, temos no país condições de atraso e subdesenvolvimento, apesar de figurarmos entre as dez maiores economias do planeta. Alguns aspectos determinam esse atraso e as contradições gritantes ainda existentes entre a população das diversas regiões do país. Trata-se de uma sociedade em que há alta concentração de renda, baixo padrão educacional, déficits na eficiência de serviços em virtude da mão de obra pouco qualificada, preponderância de atividades econômicas primárias, baixa expectativa de vida e mortalidade infantil elevada, presença de endemias, êxodo rural e aumento indiscriminado da urbanização e da favelização, falhas nos atendimentos educacional e de saúde básicos, conchavos e arranjos políticos com privilégios e acomodações, economias informais e marginais, elevados índices de violência urbana e rural, elevado número de homicídios, violência contra a mulher e as crianças, pouca consideração com os idosos, baixo nível cultural, gestão pública com baixa qualidade e com pouca organização, serviços públicos de questionável qualidade, interesses pessoais em sobreposição aos interesses coletivos, pouca tradição de participação social e

> política e, ainda, forte paternalismo do Estado com políticas de manutenção de favores. Sim, este é o nosso país, mesmo com os grandes avanços da ciência e da tecnologia.
>
> 1. Diante do exposto e considerando as premissas éticas da sociedade contemporânea, como você entende ser possível superar rápida e qualificadamente os problemas apresentados, com vistas a uma melhoria significativa das condições de vida da população brasileira?

Síntese

De acordo com Ladriére (1995), é "naquilo que a história produz que descobrimos os valores éticos". Assim, podemos concluir este capítulo considerando que os grandes constructos teóricos sobre a ética no mundo contemporâneo, como um fundo de reserva moral histórica e implicitamente presente nas ações humanas, sejam individuais, sejam coletivas, permitem-nos perceber claramente que as teorias éticas do passado se constituem em uma base para compreendermos os problemas ético-valorativos que se apresentam no contexto civilizacional da contemporaneidade.

Neste capítulo, objetivamos examinar os critérios ético-morais à luz da sociedade complexa e multicultural do período contemporâneo, em suas diversificadas aplicações na vida das pessoas, dos grupos sociais e/ou das sociedades, com suas organizações e instituições, com as decorrentes implicações nas formas de fazer ciência, construir o conhecimento e subsidiar as práticas dessa mesma sociedade multifacetada e controversa.

A condição histórica contemporânea em seus princípios éticos foi analisada com base em aspectos primordiais do pensamento filosófico, fundamentado nas premissas das seguintes correntes: ética existencialista, ética da ação comunicativa, ética da alteridade e da transcendência religiosa, ética da responsabilidade da civilização tecnológica e ética da justiça.

É possível perceber que entre elas se estabelece uma circularidade, que, além de revelar a continuidade da experiência ética da humanidade, garante o esclarecimento e o mútuo apoio das teorias, haja vista que são todas elas sempre incompletas (Ladriére, 1995).

Entendemos que à reflexão filosófica contemporânea cabe descobrir e desvelar as premissas ético-morais que se desencadeiam no bojo da sociedade e, a partir daí, elaborar projeções para o futuro com aquilo que se entenda adequado e pertinente às linhas de conduta que, livre e conscientemente, os indivíduos constroem.

Desse modo, compreendemos que é nas ações históricas e em seus desdobramentos que se encontram os elementos constitutivos para o estabelecimento das reflexões éticas e das normas de conduta consideradas adequadas à sociedade e/ou aos grupos sociais que a compõem, e não apenas em teorias criadas pelo pensamento humano.

Questões para revisão

1. A teoria da justiça de Rawls (1990) propõe dois princípios: o da **diferença** e o da **igualdade**. Estes não se resumem aos princípios do liberalismo capitalista nem aos princípios do socialismo estatizante, mas se constituem em princípios de equidade social, por meio dos quais se poderia corrigir as desigualdades e as injustas formas de organização da sociedade contemporânea.
   Portanto, considerando a necessidade de uma sociedade mais justa e eticamente situada, podemos afirmar que na atualidade:
   a. é preciso empenhar esforços para que haja sempre mais respeito aos mais bem situados em diferentes contextos.
   b. os direitos dos menos favorecidos nem sempre devem estar presentes em todos os níveis das instâncias decisórias.

c. é preciso estabelecer direitos e deveres advindos de bases sociais mais individuais.

d. os sujeitos que tomam decisões, ou seja, os mais bem posicionados social, econômica e politicamente, devem ter a intenção de amenizar e corrigir as desigualdades sociais e construir ações advindas de bases sociais mais justas.

e. Todas as afirmativas estão corretas.

2. Com base nos conteúdos apresentados no capítulo, indique qual dos princípios ético-morais descritos a seguir teria melhor aplicação no atual momento histórico de nossa sociedade:

a. Uma vida justa e equilibrada, solidária e colaborativa, voltada para a melhoria das condições de vida para todos.

b. Uma ética pensada e proposta com base nos grandes problemas que vêm marcando nossa contemporaneidade e exigem soluções diferenciadas em relação àquelas apresentadas pelas tradições e dos costumes.

c. Reflexão sobre as tradições éticas do passado, relacionando-as às grandes questões da atualidade e buscando-se alternativas e possíveis soluções mais justas.

d. Superação de uma ética individual que possibilite a construção e a obtenção de uma ética mais voltada para o bem comum.

e. Todas as afirmativas estão corretas.

3. Jonas (2006) afirma que as éticas tradicionais estão "caducas" e que o mundo necessita de outras novas, fundamentando seu projeto ético na necessidade de mudanças no agir humano e questionando as utopias civilizacionais contemporâneas. Conforme as proposições desse autor, assinale a alternativa **incorreta**:

a. Ele questiona os princípios e ideais de progresso e de tecnologia do mundo contemporâneo.
b. Ele desresponsabiliza aqueles que constroem os avanços tecnológicos em nome do progresso e do desenvolvimento.
c. Ele questiona quem é responsável pelas consequências dos atuais avanços tecnológicos, que nem sempre favorecem e atingem aqueles que mais necessitam deles.
d. Ele pressupõe a esperança e a capacidade humana para o enfrentamento dos problemas de nosso tempo, ressaltando a necessidade de reavaliar os avanços e os princípios do atual desenvolvimento tecnológico.
e. Ele define que é necessário estabelecer uma ética da ação responsabilizante, com princípios ético-morais válidos e justificáveis, para atribuir sentido e significado a descobertas e avanços científicos que não sejam apenas aqueles da ideologia do progresso mercadológico.

4. Quais são os princípios fundamentais da reflexão ética no período contemporâneo?
5. Em sua opinião, qual desses princípios pode melhor contribuir para o aprimoramento das relações sociais, políticas e organizacionais e pode ser aplicado no cotidiano vivencial e profissional dos homens e das sociedades contemporâneas?

Questão para reflexão

1. Quais são as premissas da teoria personalista de Emanuel Mounier (2010) e o que ela propõe?

Perguntas & respostas

1. Sintetize os princípios éticos da sociedade contemporânea.

   Os avanços e as inovações da sociedade contemporânea alteram os princípios éticos clássicos. Pressupõem o questionamento dos princípios religiosos; dos princípios da força afirmativa da existência humana, da responsabilidade, da liberdade, da igualdade e da diferença; da autodeterminação e do respeito à vida; da ciência, da civilização tecnológica e dos fenômenos decorrentes. Também implicam a exigência de uma justiça verdadeira e voltada para o aprimoramento das relações entre os sujeitos, bem como a busca por uma vida mais equânime e adequadamente situada, visando à superação das desigualdades e a possibilidade de uma existência plena.

2. Jonas (2006) entende que a sociedade tecnológica não tem sido suficientemente capaz de atender às questões cruciais da sociedade contemporânea. Cite as premissas básicas que o autor propõe.

   A sociedade contemporânea, orgulhosa de suas conquistas e de seus avanços, consciente de sua capacidade de construir e inovar, perde suas referências ético-morais, e muitas de suas obras e ações não consideram o outro. Jonas (2006) aponta a necessidade de reflexão **sobre** e **do** campo tecnológico e suas conquistas. Suas premissas ético-morais embasam-se no princípio da **igualdade** e **responsabilidade**, questionando os princípios e ideais de progresso e de tecnologia das utopias civilizacionais contemporâneas. O autor fundamenta seu projeto ético na necessidade de mudanças no agir humano e questiona a tecnologia e a ciência em seus modelos artificialistas voltados à tentativa de prolongar a vida, controlar os comportamentos, proceder à manipulação da vida pela engenharia genética. Enfim, critica todos os procedimentos científicos que prescindem de valores humanos e humanizantes e que reduzem o sujeito à condição de escravo da tecnologia e da ciência. Portanto, a evidência daquilo que Jonas questiona é marcante e, com certeza, desvela aspectos de uma ciência e de uma tecnologia apenas a serviço dos sistemas de produção e não das relações humanas e da qualidade de vida das pessoas.

Consultando a legislação

Com foco na convivência adequada e justa, a Constituição da República Federativa do Brasil de 1988 (Brasil, 1988) apresenta os princípios legais e necessários para que os cidadãos brasileiros vivam e convivam em harmonia e equilíbrio à luz de seus preceitos. Portanto, considerando ser importante ter presente suas determinações como fonte de pesquisa sobre direitos e deveres do cidadão brasileiro, sugerimos que esse documento seja sempre consultado.

BRASIL. Constituição. (1988). **Diário Oficial da União**, Brasília, DF, 5 out. 1988. Disponível em: <http://www.planalto.gov.br/ccivil_03/Constituicao/Constituicao.htm>. Acesso em: 22 maio 2016.

Para saber mais

Se você estiver interessado em aprofundar os estudos sobre os temas tratados neste capítulo, sugerimos a leitura dos seguintes textos:

PLATÃO. **Apologia de Sócrates.** São Paulo: Ediouro, [S.d.]. (ver p. 99-133)

FELIPE, S. Rawls: uma teoria ético-política da justiça. In: OLIVEIRA, M. A. de. **Correntes fundamentais de ética contemporânea.** Petrópolis, RJ: Vozes, 2000. p. 133-162.

capítulo quatro

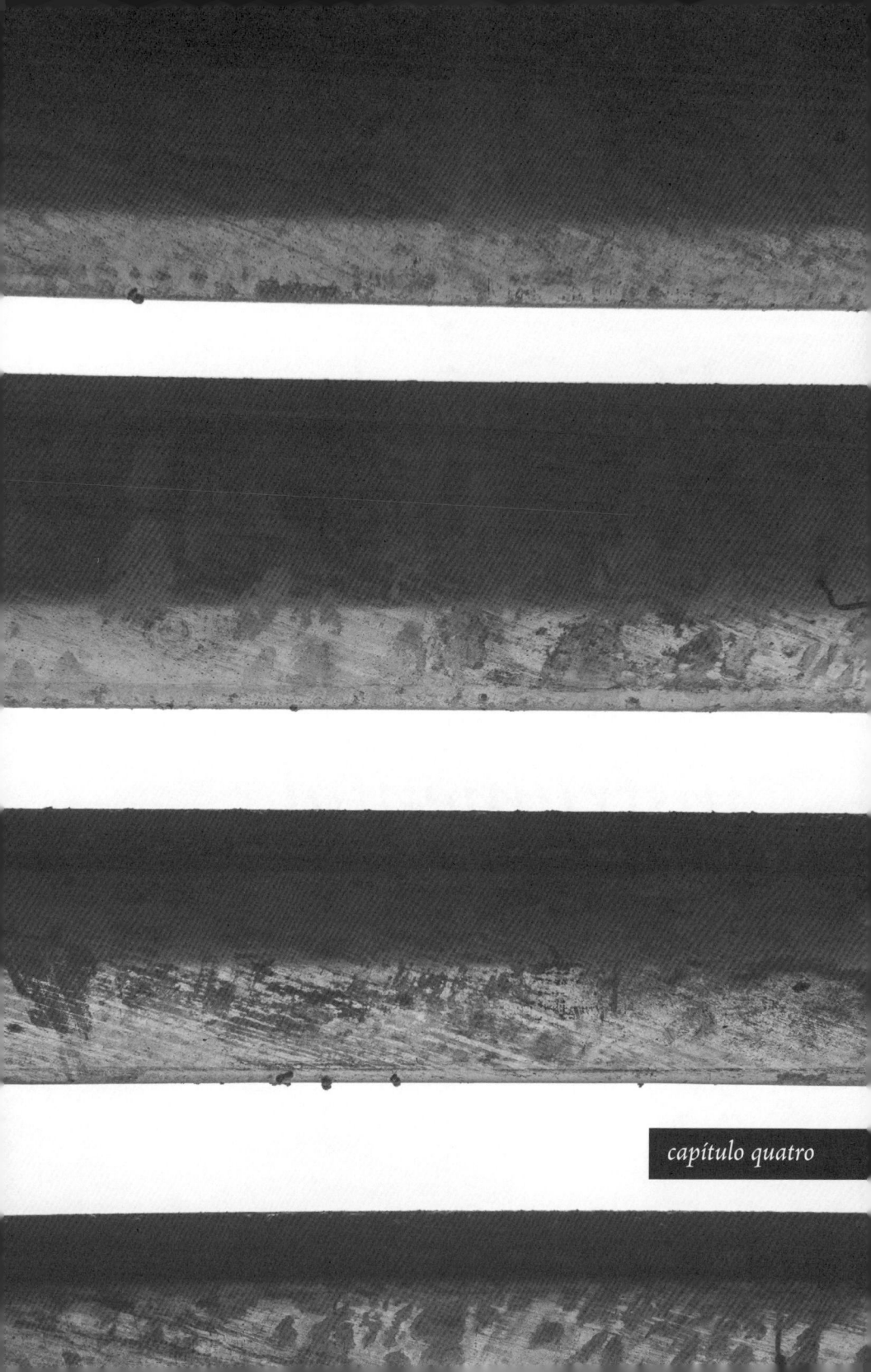

*A gestão pública
e os desafios
diferenciados
da ética — mais
além da visão
instrumental*

Conteúdos do capítulo:

* Ética e cidadania na gestão pública.
* A ética em ação e os princípios éticos da gestão pública.
* Moralidade pública e administrativa e a questão da transparência no setor público.
* Lei n. 12.527/2011, e o acesso a informações públicas, aplicável aos poderes da União, dos estados, do Distrito Federal e dos municípios – aspectos ético-morais e as relações com o Programa Brasil Transparente.
* A nova gestão pública.

Após o estudo deste capítulo, você será capaz de:

1. compreender as relações entre ética e cidadania na gestão pública;
2. entender os princípios constitucionais da gestão pública brasileira e os princípios infraconstitucionais complementares;
3. estabelecer relações entre ética, moralidade e a questão da transparência na gestão pública brasileira;
4. entender a Lei n. 12.527/2011, e seus desdobramentos no que se refere ao acesso às informações públicas aplicáveis aos poderes da União, dos estados, do Distrito Federal e dos municípios, bem como o Programa Brasil Transparente;
5. identificar os parâmetros da nova administração/gestão pública e seus desdobramentos no cotidiano vivencial e profissional do agente/servidor público.

Como já vimos, as questões éticas e de cidadania representam apenas algumas das inúmeras facetas que envolvem e permeiam os comportamentos dos sujeitos nas sociedades e/ou grupos sociais. Nesse sentido, podemos afirmar que, com relação à gestão pública no período contemporâneo, não se podem desconsiderar análises e reflexões acerca de tais comportamentos e ações. Por estarem sujeitas aos controles sociais e legais, as ações da gestão pública requerem a constituição de um sistema de acompanhamento de suas atividades pelos cidadãos que, de algum modo, são usuários dos serviços públicos.

Portanto, neste e nos próximos capítulos, trataremos das relações implicadas nesse contexto em que a gestão pública se apresenta e da qual decorrem suas ações e seus efeitos para a cidadania, o desenvolvimento e o progresso de povos e nações. Entendemos que os temas da ética e da cidadania na gestão pública são de extrema relevância na formação dos sujeitos que dela participam.

4.1 *Ética e cidadania na gestão pública*

A moralidade não se aplica somente aos indivíduos, mas também àqueles que exercem funções administrativas e de gestão coletivas e sociais, como é bem defendido por Chaui (1992), Meireles (2015) e Vasconcelos (1993). Com relação a essa ideia, vale destacar, conforme Lopes (1993, p. 23), que "O alcance da moralidade vincula-se aos princípios ou normas de conduta, aos padrões de comportamento geralmente reconhecidos, pelos quais são julgados os atos dos membros de determinada coletividade". Isso nos permite deduzir que os membros de uma corporação profissional – no caso, funcionários e servidores da administração pública – também devem ser submetidos ao julgamento ético-moral.

As razões para esse entendimento surgem do fato de que há normas comuns no exercício de uma função e/ou atividade e, no caso da administração pública, esta necessita pautar-se nos princípios constitucionais que a regem e que precisam estar pública e legalmente disponíveis ao conhecimento de todos os cidadãos para que possam respeitá-los e vivenciá-los.

Nesse contexto, conforme explicaremos a seguir, destacam-se também os princípios constitucionais tidos como base da função pública e que, sem dúvida, se caracterizam como pilares de sustentabilidade da função gestora. Entendemos aqui que o Estado se constitui em uma esfera ético-política, caracterizada pela união de partes que se agregam e lhe conferem a característica de um organismo vivo, composto pela participação dos cidadãos e de todos aqueles que se abrigam em sua circunscrição constitucional e legal, ou seja, se abrigam sob a égide de uma Constituição.

Como explica Chaui (1992, p. 362),

> O Estado é um ser ético-político porque é uma Constituição. Esta não se confunde com documentos ou com a lei maior de um país, mas é o conjunto dos costumes (*mores*) e das instituições (religião, arte, família, indústria, ciência) que constituem o *ethos* de um povo, seu espírito e sua vida.

A ética e a cidadania não se desvinculam da questão dos princípios da ação do Estado e da moralidade administrativa, uma vez que, por mais alargados que pareçam os direitos e as esferas individuais – as quais parecem ser extremamente flexíveis nos atuais contextos –, urge que sejam regulamentadas as vinculações estreitas que existem entre esferas individuais e esferas coletivas, pressupondo-se, assim, níveis de avanço, no campo do progresso moral da sociedade.

> Nesse constructo teórico-prático, a ética surge como embasamento das ações humanas em suas dimensões individuais e também coletivas, dado que o exercício profissional no âmbito da administração pública não pode desviar-se da sua condição coletiva e vinculada ao exercício do bem comum, culminando em pressupostos de uma cidadania que se revela também no exercício da função pública, seja pelos governantes, seja pelos funcionários e servidores administrativos do Estado.

Isso se caracteriza como a grande conquista dos tempos contemporâneos no âmbito da gestão pública: que a sociedade esteja de tal sorte organizada que possa vir a ser a esfera norteadora das relações e da atuação do Estado em função da ampliação da representatividade e da participação dos sujeitos, para além do mero exercício da outorga de poder a outrem pelo voto (democracia representativa), de modo que se ampliem as dimensões de **cidadania ativa** (Rodrigues, 2008).

Essa cidadania ativa deve ser considerada, como define Rodrigues (2008), não apenas como uma mera inserção dos indivíduos historicamente excluídos e que, de alguma forma, passam a ter maior acesso a instâncias decisórias e controle sobre elas. Sem ingenuidade, entendemos que essas inserções podem ser vistas como efetivo motor da mudança individual e coletiva e que o ponto de partida deve ser a compreensão do cidadão não só de que é portador de direitos e deveres, mas também de que é criador/construtor corresponsável pelos novos direitos e deveres perante a sociedade, revelando-se com partícipe e avaliador da gestão da coisa pública.

Rodrigues (2008) considera que essa cidadania ativa implica a presença e constituição de novos olhares, novos atores sociais, novos direitos e deveres, novas mediações e instituições, novas formas de organização e participação da sociedade civil organizada, com vistas a superar o entendimento de uma cidadania excludente ou regulada.

As características da sociedade que fundou uma cidadania excludente e regulada têm raízes fortemente demarcadas na sociedade brasileira e estão presentes:

- nas marcas autoritárias ainda vigentes nos diversos âmbitos da vida social, política e econômica;
- na perpetuação de uma sociedade de cunho escravocrata e senhoril;
- nos amplos conchavos e arranjos políticos;
- nas relações políticas paternalistas;
- nos governos não democráticos e/ou populistas em demasia;
- nas relações sociais, políticas e econômicas altamente hierarquizadas;
- nos privilégios e favorecimentos a grupos e/ou pessoas, embora com tentativas de mascaramentos e subterfúgios legais;
- nos altíssimos níveis de desigualdade, injustiça e exclusão social;
- nas práticas de um darwinismo social, político e econômico, que restringe os direitos e ressalta os favorecimentos aos privilegiados;
- na baixa tradição de participação das pessoas e das instituições na vida e nos negócios da pólis;
- na precária organização social, cultural e política, em especial dos grupos e das pessoas mais carentes;
- nas relações de trabalho espúrias e nada democráticas;
- na intensa precarização dos espaços para discussão que tratem de tais aspectos de interesse público.

A contestação dessa ordem histórica, excludente e regulatória traz à tona a necessidade de criar e desenvolver novos instrumentos teóricos, metodológicos e práticos para que se orientem e se legitimem buscas constantes de transformação social efetiva, especialmente nos países periféricos, nos quais as carências, os déficits e o autoritarismo político, educacional, cultural e econômico não têm possibilitado condições para a transformação social e a emancipação da população.

Como defendido por Rodrigues (2008), no contexto contemporâneo, em face dos desígnios da sociedade neoliberal, com sua visão mercadológica, seletiva e excludente, uma cidadania ativa é condição *sine qua non* para a superação das injustiças e dos desmandos de todas as ordens e naturezas.

Nesse sentido, embora não seja o foco da presente obra, destacamos que as questões da ética e da cidadania fazem emergir a importância de estudar a organização da gestão pública e algumas de suas premissas e bases conceituais e teóricas, fator que nos leva a apontar autores e obras que tratam da temática e que servem às finalidades propostas.

Inúmeros autores têm voltado seus estudos à análise da questão referida e embasam essas premissas conceituais e teóricas sobre a administração e, em especial, sobre a gestão pública. Ressaltamos as contribuições de Mota (1998), Bernardes (2005), Di Pietro (2012), Cretella Júnior (2004), Meirelles (2015), Martins (2004), Reale Júnior (2004), Vasconcelos (1993), Quintana (2014), Bernardi (2012), Montoro Filho (2012), Mirshawka (2014), Bazerman e Tenbrunsel (2011), entre outros.

Embora entendamos que seja de importância fundamental uma melhor compreensão sobre o tema, como já dito, a questão conceitual e teórica sobre a administração não é o foco desta obra, sendo de precípuo interesse aqui estudar as relações entre a ética e a gestão pública em seus princípios legais e normativos e seus desdobramentos no campo prático da gestão pública.

4.2 *A ética em ação e os princípios éticos da gestão pública – alguns conceitos necessários*

Antes da apresentação dos princípios que embasam a administração pública no Brasil, é relevante que explicitemos o que são princípios e no que consiste a gestão pública, buscando os fundamentos conceituais de relevância em teóricos e estudiosos brasileiros tais como Di Pietro (2012), Cretella Júnior (2004), Meirelles (2015), Martins (2004) e Reale Júnior (2004).

Corroborando a importância de apresentar esses conceitos, Martins (2004, p. 92) explica que os **princípios** da gestão pública devem ser considerados como os primeiros passos

> [...] na consecução de uma regulação, passo ao qual devem seguir-se outros. O princípio alberga uma diretriz ou norte magnético, muito mais abrangente que uma simples regra: além de estabelecer certas limitações, fornece diretrizes que embasam uma ciência e visam à sua correta compreensão e interpretação. Violar um princípio é muito mais grave do que violar uma regra. A não observância de um princípio implica ofensa não apenas a específico mandamento obrigatório, mas a todo o sistema de comandos.

Reforçando essas considerações conceituais, apresentamos a afirmação de Cretella Júnior (2004, p. 92): "Princípios de uma ciência são as proposições básicas fundamentais, típicas, que condicionam todas as estruturações subsequentes. Princípios, nesse sentido, são os alicerces da ciência". Expandindo o conceito do que sejam princípios, destacamos aquele proposto por Reale Júnior (2004, p. 92): "Princípios são verdades fundantes de um sistema de conhecimento, como tais admitidas, por serem evidentes ou por terem sido comprovadas, mas também por motivos de ordem prática de caráter operacional, isto é, como pressupostos exigidos pelas necessidades da pesquisa e da práxis".

Não podemos deixar de conceituar também **gestão pública**, considerando que a conceituação reforça bases de entendimento e situa as possíveis ações práticas como alicerces para os progressos científicos e tecnológicos sobre o assunto em tela, que versa sobre as ações humanas e seus espaços de responsabilização pela organização da vida em sociedade.

Assim, na gestão pública brasileira, há três níveis administrativos, as **esferas federal, estadual** e **municipal**, sendo que, em todas elas e por meio dos Poderes Executivo, Legislativo e Judiciário, devem ser obedecidos e respeitados os princípios constitucionais, os quais consubstanciam essas mesmas ações administrativas de cunho público.

Em razão de compreendermos ser a gestão pública uma atividade específica e de cunho próprio, apresentamos algumas conceituações, com base em autores como Bernardi (2012), Di Pietro (2012), Cretella Júnior (2004), Meirelles (2015), Martins (2004), Reale Júnior (2004) e Vasconcelos (1993).

Bernardi (2012, p. 216) considera que a gestão pública é normalmente entendida como o Poder Executivo propriamente dito e seus órgãos de administração direta e indireta. No entanto, esse autor observa, com base na categorização de Montesquieu, que o Poder Público, embora dividido em três, é um **poder uno** e responsável pela boa condução da governança pública.

Di Pietro (2012, p. 61) entende a gestão pública como uma "atividade concreta e imediata que o Estado desenvolve sob regime jurídico de direito público, para a consecução dos interesses coletivos". Com base nisso, temos uma consideração que remete aos aspectos reveladores da amplitude da ação da gestão pública, submetida aos regimentos e normativas legais que sustentam os interesses da comunidade, não sendo permitido, portanto, que se extrapolem as condições e os fundamentos daquilo que se pressupõe ser de sua competência – o bem comum.

Ao analisarmos no que consiste atualmente o conceito de função da gestão pública, entendemos que esta objetiva concretizar anseios da coletividade por meio da prestação de serviços e da execução de ações de cunho coletivo, com vistas a executar seus objetivos constitucionais e a bem realizar as funções da *res publica*, sua finalidade última.

Com isso, a prática da gestão pública necessita contemplar os princípios que a fundamentam, voltando-se aos assuntos de interesse da população e do **bem-estar coletivo** e situando-se no campo ético-moral que avalia e determina as ações efetivas entre os indivíduos de uma sociedade. Assim, com vistas a disciplinar suas atividades, consideramos que a gestão pública deve estabelecer seus limites quanto ao seu poder e ao seu dever, evitando excessos e procedimentos abusivos, oriundos de atos ilegais e/ou discricionários, de forma a obter maior êxito em seu dever-fazer no tocante aos bens e serviços oferecidos à população.

De todo modo, o Estado vem encontrando, ao longo de sua existência na gestão pública, um instrumento de apoio e de alta imprescindibilidade para a execução dos afazeres para os quais foi criado, ou seja, para o atendimento aos interesses e às atividades que se voltam ao bem-estar comum, com o objetivo de estabelecer um progresso social para toda a coletividade.

Nesse sentido, surgem os princípios constitucionais como basilares para a gestão pública, visando disciplinar em normas infraconstitucionais as bases e os fundamentos que regulamentam as ações dessa instância de tal sorte que possam ser conhecidas por todos os cidadãos, tendo em vista a efetiva oferta de serviços e bens, em acordo com as demandas sociais e políticas, econômicas, materiais, humanas e éticas da população.

Temos como princípio base da gestão pública o entendimento de que os funcionários, servidores e gestores públicos, no exercício de suas funções e atividades, encontram-se a serviço exclusivo da comunidade e dos cidadãos, prevalecendo sempre o interesse público sobre os particulares ou de um grupo, o que revela a relação direta com a questão da **moralidade pública**.

> Vale ressaltar que os princípios relativos à gestão pública não constavam dos textos constitucionais brasileiros até a promulgação da Constituição Federal (CF) de 1988 (Brasil, 1988), quando, de forma expressa, os referidos princípios passam a ser definidos e são complementados por outros previstos em textos infraconstitucionais.

De acordo com o art. 37 da CF e seus respectivos incisos, a gestão pública, direta, indireta ou funcional, em qualquer dos poderes da União, dos estados, do Distrito Federal e dos municípios, deve vincular-se diretamente aos princípios de **legalidade, impessoalidade, moralidade e publicidade**, que serão vistos a seguir.

A CF considera que esses princípios devem ser aplicados em todas as ações empreendidas no âmbito da gestão pública, em seus diversos níveis (federal, estadual, distrital federal e municipal) e devem contemplar em sua plenitude os interesses de todos os envolvidos, visando a um exercício ético, adequado e de qualidade na oferta de serviços e ações da administração pública a todos os cidadãos.

4.2.1 *Princípio da legalidade*

Fundamentado no art. 5o, inciso II, da CF (Brasil, 1988), o princípio da legalidade determina que: "ninguém será obrigado a fazer ou deixar de fazer alguma coisa senão em virtude da lei". Conforme Meirelles (2015, p. 67), o gestor público em toda a sua atividade funcional estará sujeito: "aos mandamentos da lei e exigências do bem comum, e deles não se pode afastar ou desviar, sob pena de praticar ato inválido e de responsabilidade disciplinar, civil e criminal, de acordo com cada caso".

Ressaltamos que, diferentemente das atividades e ações individuais, aquelas praticadas por um gestor e/ou por um funcionário em função pública são providas de controle rigoroso sob os preceitos da lei e das prescrições constitucionais, uma vez que sua aplicabilidade é determinante para a obtenção de sucesso e transparência em acordo com os preceitos legais.

4.2.2 Princípio da moralidade

Pela CF, temos a instituição oficial do Estado democrático de direito e, em seu art. 37, inciso II, encontramos a determinação de que "a investidura em cargo ou emprego público depende de aprovação prévia em concursos públicos de provas ou de provas e títulos, ressalvadas as nomeações para cargo em comissão declarado de lei de livre nomeação e exoneração" (Brasil, 1988). O inciso V do mesmo artigo, conforme redação dada pela Emenda Constitucional n. 19, de 4 de junho de 1998, reza que "as funções de confiança, exercidas exclusivamente por servidores ocupantes de cargo efetivo, e os cargos em comissão, a serem preenchidos por servidores de carreira nos casos, condições e percentuais mínimos previstos em lei, destinam-se apenas às atribuições de direção, chefia e assessoramento" (Brasil, 1998).

Com base nessas e nas demais considerações que se explicitam nos incisos do referido artigo constitucional, o princípio da moralidade administrativa levanta aspectos éticos da admissão e/ou nomeação, designação e exoneração de cargos e funções públicas, considerando aspectos constitucionalmente determinados.

O princípio da moralidade, ao nortear os atos e contratos administrativos, refere-se a um aspecto relativo aos novos modos de atuar na nova fase da administração pública, uma vez que esta é passível de responsabilização pelos arts. 9 e 11 da Lei n. 8.429, de 2 de junho de 1992 (Brasil, 1992), que definem de forma exemplificativa os atos de improbidade administrativa que possam de alguma forma violar os princípios constitucionais.

A atenção, a obediência e o respeito ao princípio da moralidade implicam que o administrador público paute seu comportamento nos vieses da conduta ético-moral voltada ao bem comum, fazendo com que as ações administrativas busquem o real interesse do público. Assim, é possível que sejam criadas no contexto interno da administração pública demandas adequadas para separar os dicotômicos aspectos relativos ao bom e ao mau, ao justo e ao injusto, ao conveniente e ao inconveniente, ao adequado e ao inadequado, pautando-se as ações na lei e naquilo que realmente seja voltado aos interesses comuns dos afetados e/ou beneficiados pelos resultados das ações no âmbito da administração pública.

Alguns dos aspectos que precisam ser considerados no tocante ao princípio da moralidade na gestão pública referem-se à caracterização de atos de improbidade como aqueles ligados:

- ao uso de bens e equipamentos públicos com fins particulares;
- à intermediação de destinação de verbas e recursos públicos para fins de enriquecimento pessoal;
- à contratação de serviços de forma direta, quando se determina legalmente a necessidade de licitação;
- à venda de bens públicos sem as devidas avaliações e abaixo dos valores de mercado;
- à aquisição de bens e serviços acima dos valores de mercado (superfaturamento).

Diante da presença de tais atos de improbidade administrativa, entre outros tão ou mais graves, a CF estabelece como meios para avaliação e controle das ações no tocante à moralidade administrativa dois instrumentos:

1. **Ação popular** – Conforme o art. 5º, inciso LXXIII, da CF, uma ação popular pode ser proposta e subscrita por qualquer cidadão brasileiro como parte legítima para desestimular e desconstruir atos lesivos à moralidade administrativa. O cidadão proponente deve estar no exercício pleno de sua cidadania e em dia com suas obrigações eleitorais.
2. **Ação civil pública** – Como prevê a Lei n. 7.347, de 24 de julho de 1985 (Brasil, 1985), essa é uma forma de ação legal que se volta ao objetivo primordial de proteger os interesses trans/metaindividuais dos cidadãos, sendo cabível sua proposição

sempre que se consolidem atos ou ações que violem tais interesses e seja necessário, de alguma forma, o controle da moralidade administrativa. Essas transgressões à moralidade administrativa são, conforme prevê a CF, em seu art. 37, inciso XXII parágrafo 4º, passíveis de quatro sanções legais de aplicação imediata e simultânea: perda da função pública, suspensão dos direitos políticos, declaração de indisponibilidade dos bens e obrigação de ressarcir o erário público.

Complementar às determinantes constitucionais, a Lei n. 8.429/1992 prevê ainda sanções específicas para cada forma de violação de dispositivos legais, como a aplicação de multa de até 100 vezes o valor da remuneração recebida pelo agente público, proibição de estabelecer contratos com o Poder Público e proibição de receber incentivos fiscais.

De todo o exposto, deduzimos que as ações e as atividades públicas executadas pelo agente público estão subordinadas à observação de diretrizes e parâmetros legais e ético-jurídicos que refletem a observância ao postulado que rege a gestão pública, vinculando-se ao princípio da moralidade, não sendo adequado que nelas prevaleçam os interesses individuais, mas valores que primem pelo interesse público.

4.2.3 Princípio da impessoalidade

Aspecto primordial do exercício da função pública, o princípio da impessoalidade estabelece que o agente público jamais deve privilegiar seus amigos e desdobra-se no princípio da igualdade, pelo qual sempre o interesse público dos iguais deve prevalecer. O ditado popular "aos amigos as benesses e aos não amigos os rigores da lei" não se enquadra na vivência desse princípio constitucional.

A impessoalidade é rigorosamente fundamentada na verdade da igualdade de condições que a CF destaca em seu art. 5, o qual regulamenta as condições nas quais todos os cidadãos brasileiros devem ser considerados e respeitados em suas diferenças e especificidades, considerando ainda que isso não os inferiorize, mas que lhes proporcione e reserve os cuidados legais previstos constitucionalmente a cada situação, pressupondo sempre sua condição de igualdade na cidadania.

Essa igualdade na diversidade é fundamentada no entendimento de que a impessoalidade deve assegurar sempre a todos e a cada um dos cidadãos brasileiros o acesso aos benefícios da lei e o respeito aos seus determinantes, também como dever de cidadania, sem conter marca pessoal do agente e/ou administrador público, ou seja, a importância de considerar que os atos públicos não são praticados pelo servidor, mas pela administração à qual ele se vincula e/ou pertence.

Esse princípio atrela-se, ainda, a aspectos relacionados à publicidade e à transparência, os quais são imprescindíveis ao exercício da função pública, uma vez que esta deve ter sempre caráter cidadão e capacidade de publicização (de tornar público) de tudo aquilo que seja de interesse público, sem destaques pessoais a nomes, simbologias e/ou imagens que ressaltem a pessoalidade de qualquer dos agentes públicos. Esse aspecto freou, após a publicação da CF, muitas ações de administradores públicos e, embora ainda não tenha acabado com tais práticas, as amenizou bastante, ressaltando o interesse da coletividade em detrimento de interesses meramente pessoais.

4.2.4 *Princípio da publicidade*

Na atuação transparente do Poder Público de todas as manifestações administrativas, em todos os setores da administração pública, constitui-se o princípio da publicidade em requisito fundamental à transparência e à idoneidade das práticas administrativas, vinculando-se à eficácia de sua aplicação e aos objetivos aos quais se destinam tais ações.

Considerando-se a importância de tais práticas de transparência e publicização, o princípio da publicidade tem destaque no art. 37 da CF e é sustentado em diversos dispositivos legais relacionados ao tema e em leis complementares e infraconstitucionais, tais como a Lei de Responsabilidade Fiscal (LRF) – Lei Complementar n. 101, de 4 de maio de 2000 (Brasil, 2000).

A LRF, visando à transparência e ao controle social dos atos da administração pública em todos os seus níveis e modalidades de prestação de serviços à comunidade, estabelece:

> Art. 48. São instrumentos de transparência da gestão fiscal, aos quais será dada ampla divulgação, inclusive em meios eletrônicos de acesso público: os planos, orçamentos e leis de diretrizes orçamentárias; as prestações de contas e o respectivo parecer prévio; o Relatório Resumido da Execução Orçamentária e o Relatório de Gestão Fiscal; e as versões simplificadas desses documentos. (Brasil, 2000)

O parágrafo único do art. 48 determina ainda:

> Parágrafo único. A transparência será assegurada também mediante:
>
> I – incentivo à participação popular e realização de audiências públicas, durante os processos de elaboração e discussão dos planos, lei de diretrizes orçamentárias e orçamentos; (Incluídos pela redação dada pela Lei Complementar n. 131, de 2009).
>
> II – liberação ao pleno conhecimento e acompanhamento da sociedade, em tempo real, de informações pormenorizadas sobre a execução orçamentária e financeira, em meios eletrônicos de acesso público. (Brasil, 2000)

Concomitante aos princípios constitucionais que acabamos de ver, o princípio da publicidade determina que os atos e ações da gestão pública sejam feitos de forma legal, clara e passível de plena divulgação e publicização. Portanto, toda a publicidade sobre atos, programas, serviços, ações e campanhas dos diferentes órgãos da gestão pública deve ser informativas e ter caráter de interesse e orientação educativa e social, não sendo adequado que se faça qualquer tipo de propaganda e promoção pessoal de autoridades e/ou de servidores públicos, pois estes, no cargo público, devem privilegiar os interesses coletivos.

Considerado um dos princípios da gestão pública que confere maior visibilidade ao administrador e às suas ações, o princípio da publicidade também pode conferir-lhe maior credibilidade, haja vista que o gestor público pode servir-se dele para exercer maior controle interno e externo de sua administração pela publicização de todos os atos administrativos, o que permite aos cidadãos conhecê-los melhor e concede maior transparência a atos e ações administrativas de interesse da população.

4.2.5 Princípio da eficiência

Embora não esteja elencado entre os quatro princípios definidos claramente na CF, o **princípio da eficiência** conjuga-se com os outros princípios e está implícito nos incisos e parágrafos do art. 37, sendo evidente sua importância no desenvolvimento dos atos e ações do Poder Público em qualquer de suas instâncias.

Esse princípio foi posteriormente anexado pela Emenda Constitucional n. 19/1998, que o acrescentou ao rol dos quatro princípios já consignados e enunciados no texto constitucional:

> Art. 37. A administração pública direta e indireta de qualquer dos Poderes da União, dos Estados, do Distrito

Federal e dos Municípios obedecerá aos princípios de legalidade, impessoalidade, moralidade, publicidade e eficiência [...]. (Brasil, 1998).

Com o acréscimo desse princípio, impõe-se à administração pública, direta e indireta, nos três níveis de governança (municipal, estadual e federal), a obrigação de executar suas atribuições, observando regras de boa administração, com eficiência, bem como o dever de buscar exercê-la com **perfeição, idoneidade** e **rapidez**, maximizando os resultados e os impactos na coletividade e minimizando desperdícios de tempo e de recursos.

A eficiência na gestão pública é relacionada às práticas de celeridade, efetividade, qualidade, eficácia e economicidade, que devem estar presentes em qualquer dos atos administrativos que sejam empreendidos, em qualquer tempo e lugar do território nacional. Sua efetividade leva ao combate ao desperdício de tempo e de recursos e, vinculando-se aos aspectos de economia e presteza, é fator de maximização de recursos e de materiais necessários à execução de projetos e programas da gestão pública, contribuindo para o fortalecimento da ação administrativa e de seus resultados.

Di Pietro (2005) consolida a relevância desse princípio constitucional ao afirmar que, na realidade, o princípio da eficiência apresenta dois aspectos:

> pode ser considerado em relação ao modo de atuação do agente público, do qual se espera o melhor desempenho possível de suas atribuições, para lograr os melhores resultados; e, em relação ao modo de organizar, estruturar, disciplinar a Administração Pública, também com o mesmo objetivo de alcançar os melhores resultados na prestação do serviço público. (Di Pietro, 2005, p. 84)

4.2.6 Princípios do segundo grupo

Ressaltamos ainda outros enunciados que, a despeito de não serem definidos como princípios, servem de parâmetro quando se delimitam constitucionalmente aspectos sobre os desdobramentos e a condução das ações e dos atos relativos ao exercício da função e/ou cargo público. Nesse sentido, entendemos relevantes os princípios de embasamento **infraconstitucional**, por serem fundamentados em premissas legais que complementam e regulamentam os determinantes constitucionais.

Assim, os princípios apresentados a seguir expressam-se em leis infraconstitucionais, como a LRF e outras de semelhante relevância, que visam dar solidez e segurança legal ao exercício da função do agente público em todas as esferas do Poder Público.

> Tomando os princípios constitucionais como base da gestão pública, devemos considerar também a necessidade de observar na prática das atividades administrativas no âmbito público, os seguintes princípios: do interesse público, da finalidade e da legalidade, da igualdade, da colaboração e boa-fé, da motivação, da razoabilidade, da proporcionalidade, da lealdade, da integridade, da justiça e imparcialidade, da informação e qualidade, da competência e responsabilidade. Podem ser entendidos como **princípios do segundo grupo**, igualmente vinculados aos atos, ações e outras práticas da gestão pública, entre elas as **licitações** e seus desdobramentos de cunho legal, porém muito mais de cunho ético-moral, pois estão sedimentados em valores que devem ser vivenciados nas práticas gestoras dos setores públicos.

Vejamos, portanto, como se definem os referidos princípios:
+ **Princípio do interesse público** – É um princípio base da gestão pública, garantindo que prevaleçam os interesses da coletividade sobre os privados. Sempre que ocorrem confrontos e/ou contradições, deve preponderar o interesse público, pois

a *res publica* é primordialmente vinculada à ordem coletiva. No art. 5 da CF e seus respectivos incisos, o princípio de preponderância da ordem coletiva aparece explícito e implícito, mesmo quando questões vinculadas aos interesses de ordem privada são tratadas. O princípio do interesse público deve ser considerado desde a fase da elaboração até os diferentes momentos da execução e/ou aplicabilidade da lei que legitime o ato gerado pela administração pública. No caso de essas premissas implícitas serem desconsideradas, pode ser caracterizada omissão quanto ao real motivo da existência da administração pública, ou seja, o zelo para com o bem da coletividade.

- **Princípio da finalidade e da legalidade** – Conforme a Lei n. 9.784, de 29 de janeiro de 1999 (Brasil, 1999), art. 2º, parágrafo único, todo ato administrativo deve ser praticado com vistas aos fins de interesse geral e público previstos em lei. Relacionando-se à impessoalidade da administração pública, esse princípio orienta que as normas administrativas sempre tenham como objetivo o interesse público. Se, de algum modo, o agente público praticar atos que não estejam em conformidade com a lei, estará em desacordo com as premissas legais e será passível de juízo ético e de sanções legais previstas para cada caso. Sempre que um ato administrativo for praticado sem a finalidade explícita que o justifique e legitime, estará em desconformidade com o interesse coletivo e, não raro, trará prejuízos à população atingida pelo referido ato.
- **Princípio da igualdade** – No exercício de suas atividades, os gestores e funcionários públicos não podem beneficiar ou prejudicar qualquer cidadão em função da sua ascendência, sexo, raça, língua, convicções políticas, ideológicas ou religiosas, situação econômica ou condição social.
- **Princípio da colaboração e boa-fé** – Os funcionários devem, no exercício de suas funções, colaborar com os cidadãos,

segundo o princípio da boa-fé, tendo em vista a realização do interesse da comunidade e fomentando sua participação na realização das atividades da gestão pública, com vistas ao bem comum da população.

- **Princípio da motivação** – De acordo com esse princípio, a gestão pública é obrigada a motivar todos os seus atos, pois, como geradora do ato público, representa os interesses da coletividade e deve proceder em prol do bem-estar da população atingida por tais atos. Como titular da gestão da *res publica*, o gestor público está sempre obrigado a isso, pois é somente pela motivação (o real motivo do ato público) que o cidadão tem condições de saber se o Poder Público e o Estado estão agindo em conformidade com os dispositivos da lei. Essa motivação deve estender-se aos atos públicos de caráter discricionário e também aos de caráter vinculado, conforme definem Meirelles (2015) e Di Pietro (2005). Prosseguem os autores afirmando que a falta de motivação, ou seja, da explicitação aos interessados do real motivo do ato público pode levar à invalidação do referido ato da administração pública, não podendo esta falar em contraditório e ampla defesa sempre que venham a ocorrer âmbito do Poder Judiciário, possíveis contestações sobre a efetividade do ato editado pelo Poder Público.

- **Princípio da razoabilidade** – Com ampla relação com o princípio da motivação, este corrobora que o Poder Público é obrigado a mostrar a pertinência de cada ato por ele editado e, por conseguinte, a correspondência deste com as previsões abstraídas da lei e dos fatos concretos que, por sua ocorrência, o justificam e são trazidos à sua apreciação. Se porventura não ocorrer essa ampla correspondência, o ato da administração pública pode não ser razoável e sofrer as contestações previsíveis em lei, não sendo, portanto, correspondente com sua efetiva geração.

- **Princípio da proporcionalidade** – No exercício da gestão pública, os funcionários podem exigir dos cidadãos somente o indispensável à realização das suas atividades administrativas com eficiência e qualidade, sem extrapolar os limites de bom senso e profissionalismo.
- **Princípio da lealdade** – Os funcionários, no exercício de suas funções, devem agir de forma leal, solidária, colaborativa e cooperante, visando preservar e assegurar a efetividade deste princípio em relação ao bem comum.
- **Princípio da integridade** – Os funcionários devem agir com caráter e honestidade pessoal em prol da qualidade nos serviços prestados pela administração pública, assegurando que a integridade dos prestadores de serviços públicos e dos seus usuários seja preservada, sem preconceitos de qualquer natureza, e garantindo, assim, a imparcialidade no atendimento a todos os interessados.
- **Princípio da justiça e imparcialidade** – Nos serviços prestados pela administração pública, os funcionários devem tratar de forma justa e imparcial todos os cidadãos, atuando segundo rigorosos princípios de neutralidade e isenção de preconceitos e privilégios.
- **Princípio da informação e qualidade** – No exercício de suas funções e atividades, os gestores e funcionários públicos devem prestar informações e/ou esclarecimentos adequados e fidedignos, de forma clara, simples, compreensiva, rápida, sempre que estes lhes sejam solicitados, proporcionando aos usuários e aos governados o acesso apropriado a tais informações.
- **Princípio da competência e responsabilidade** – Os funcionários devem agir de forma responsável, dedicada e crítica, empenhando-se na valorização do interesse em prestar atendimento às demandas pelos bens e serviços públicos, de tal sorte que seus beneficiários sejam atendidos e entendidos como os maiores interessados, visando-se, assim, ao bem comum.

Como mencionamos, os cinco princípios administrativos consubstanciados no art. 37 da CF e na Emenda Constitucional n. 19/1998 são complementados por esses princípios do segundo grupo, que se encontram esparsa, porém devidamente apontados em normas infraconstitucionais que regulamentam a execução e a oferta de bens e serviços na gestão pública em todas as suas instâncias e esferas de atendimento.

Podemos considerar que, além de serem princípios legais, todos eles apresentam cunho ético-moral, pois preceituam aspectos vinculados ao exercício adequado de uma função e/ou atividade que vise ao bem comum, pressuposto que embasa a atividade política formal que é exercida pelo gestor público – ou seja, pela atividade no âmbito da pólis –, referente ao campo da vida e da ação públicas.

Complementando os conteúdos até aqui expostos, ressaltamos a consideração de Bernardi (2012) sobre a Lei n. 8.429/1992 (relativa à **improbidade administrativa**) no que se refere ao fato de que vem reforçar os princípios constitucionais da gestão pública, previstos no art. 37 da CF: "assim, os agentes públicos de qualquer nível ou hierarquia são obrigados a velar pela estrita observância dos princípios de legalidade, impessoalidade, moralidade e publicidade [e eficiência]" (Bernardi, 2012, p. 155). Como afirma o autor, a citada lei apresenta premissas que preservam o interesse coletivo sobre os interesses individuais, revelando, assim, as garantias constitucionais e infraconstitucionais que o legitimam.

Nesse contexto, devemos destacar que, embora não haja garantias constitucionais para que os princípios administrativos de cunho ético-moral sejam considerados e respeitados nos atos e ações da gestão pública, sua existência legal, mesmo que de forma implícita, revela o nível em que uma sociedade apresenta seus avanços e progressos morais e sociais.

Segundo Vázquez (1986), a relação existente entre os interesses particulares e os interesses coletivos é um dos índices determinantes para revelar se essa mesma sociedade obteve progressos reais no tocante à sua eticidade e à moralidade pública, como indicativo precípuo de seu progresso moral.

> O progresso moral de uma sociedade se mede, em primeiro lugar, pela ampliação da esfera moral da vida social. [...] em segundo lugar, pela elevação do caráter consciente livre do comportamento dos indivíduos ou dos grupos sociais e, por conseguinte, pelo crescimento da responsabilidade destes indivíduos ou grupos no seu comportamento moral. [...] Índice e critério de progresso moral é, em terceiro lugar, o grau de articulação e de coordenação dos interesses coletivos e pessoais. (Vazquez, 1986, p. 45)

Quando de intenta compreender melhor como a gestão pública pode ser um campo fértil para os déficits no âmbito ético-moral, definir seus princípios constitucionais e infraconstitucionais, conforme foram aqui elencados, é um avanço considerável. É, contudo, inegável que estamos vivemos hoje "uma crise geral do Estado, que busca sua redefinição a partir da Constituição Federal de 1988, que, sem dúvida, introduziu vários avanços, mas não dimensionou os instrumentos necessários para alavancar o progresso almejado" (Mirshawka, 2014, p. 116). Esse não dimensionamento se refere em especial aos déficits no atendimento das demandas e à dificuldade de acesso da população a serviços públicos de qualidade, que apresentem solução para os problemas que a afetam diretamente, como os referentes à saúde, à educação, à segurança pública, ao transporte coletivo, à mobilidade urbana e à sustentabilidade de políticas públicas de relevância, apenas para citar os mais prementes.

Caracterizada por um forte paradoxo e por explícitas contradições entre o existente e o desejado, a gestão pública se encontra hoje entre conceitos e práticas que a restringem apenas às suas dimensões burocráticas e gerenciais em contraponto aos avanços necessários que deveriam levá-la a um exercício de cunho mais transparente, democrático e participativo. No desempenho de uma gestão participativa e corresponsável pela elevação da qualidade dos serviços e demandas em todos os seus aspectos, o atendimento às demandas da população deveria ocorrer de forma adequada e conforme os preceitos legais e ético-morais. Corroborando o exposto, Mirshawka (2014, p. 117) entende que seria possível

> o compartilhamento de responsabilidades, por meio do diálogo, do debate e do questionamento e que levem, por exemplo, ao funcionamento minimamente adequado da escola, do hospital público, do transporte coletivo com segurança à população usuária, entre outros aspectos que permitam acreditar que os princípios da administração pública não são apenas ditames nas esferas midiáticas e de interesses escusos.

Diante da necessidade de se modificarem as práticas de gestão da coisa pública, como explica Secchi (2009), são propostas modelos para reformas administrativas com forte potencial para mudarem a gestão das organizações públicas e suas formas de relacionamento com seus usuários. A realidade atual apresenta urgências e possibilidades de que essas mudanças sejam efetivadas com sucesso, demarcando novos caminhos possíveis, mais éticos com relação à oferta de serviços e aos negócios da vida pública contemporânea. O mesmo autor ressalta ainda que, "no entanto, esses e outros modelos mais adequados aos desafios da gestão pública contemporânea poderão tornar-se também formas de exacerbação da capacidade gerencial de cunho ético" (Secchi, 2009, p. 49).

Apesar dos avanços e das modificações na gestão pública, devemos estar atentos às possibilidades de manipulação ideológica e política dessas reformas paradigmáticas, pois nelas podem estar embutidas intenções manipuladoras, como fragmentos de outras modelagens mais controladoras, mascarando ações de corrupção, nepotismo e designação de cargos por meio de acordos, conchavos e favorecimentos a grupos e pessoas – como não raro tem acontecido na atual gestão pública brasileira –, o que se fere as condições ético-morais necessárias a um adequado governo e a uma boa gestão da coisa pública em todos os seus níveis e modalidades.

De acordo com Secchi (2009), podemos identificar dois modelos organizacionais – **administração pública gerencial** (AGP) e **governo empreendedor** (GE) – e um **paradigma relacional** (PR) como alternativas ao modelo burocrático de administração ainda vigente na maioria das gestões públicas no Brasil e como condição de melhoria da governança da coisa pública, de tal sorte que se incorporem premissas de ampliação da efetividade e da eficácia na gestão pública.

Secchi (2009) explica que o movimento atual da governança pública se traduz em um modelo relacional (PR), pois este oferece uma abordagem diferenciada de conexão entre o sistema governamental e o ambiente sociocultural e político que circunda os governos, caracterizando, assim, uma efetiva possibilidade de enfrentamento das formas burocráticas e tradicionais que têm representado, em todos os seus níveis, a maioria das gestões públicas.

A despeito de suas especificidades e diferenças teórico-práticas, os três modelos de gestão pública definidos por Secchi (2009) – a AGP, o GE e o PR – podem acontecer de forma cumulativa na gestão pública contemporânea, caracterizando-se pelas mudanças do papel do Estado e de suas formas de governar. Essas três formas de organização da gestão pública exigem práticas, princípios e valores mais condizentes com as demandas e evidências delineadas nos contextos organizacionais contemporâneos, nos quais a figura do **cidadão ativo** torna-se mais presente em interlocuções e na urgência de se apresentar em maior conformidade com a distribuição de responsabilidades entre os que governam e os que são governados. São demandas que exigem que tais relações não ocorram mais em níveis de subserviência absoluta, mas sejam efetivadas mediante uma postura ativa do cidadão em face do Estado e de suas diferentes modalidades de exercício da governança da coisa pública.

4.3 Moralidade pública e administrativa e a questão da transparência no setor público

Em conformidade com os dispositivos constitucionais, o serviço e a atividade pública são incumbências do Estado e estão relacionados ao Poder Público. A CF, em seu Título III, Capítulos I a VI, trata da organização político-administrativa e suas prerrogativas, considerando o papel e as incumbências de cada ente federativo. Em seu Capítulo VIII, trata da organização, das responsabilidades e dos procedimentos da gestão pública, afirmando serem estes da ordem do Estado e do Poder Público.

Assim, constitucionalmente, a criação e a oferta dos serviços públicos cabem ao Estado, que deve assumir a execução de atividades que sejam de relevância para a população. Diferentes órgãos organizam-se e são responsáveis pela **gestão, criação, execução** e **aplicabilidade** dos serviços de cunho público, vinculando-se às ações e atitudes daqueles que exercem a função pública, como gestores e/ou funcionários.

> Por sua condição formal, é definido legalmente que o regime jurídico ao qual se submetem os serviços públicos é de incumbência do direito público, porém é questão de cunho ético-moral que sejam ofertados adequadamente e com o maior alcance em relação à população a que se destinam, de tal sorte que possam beneficiar o maior número de pessoas, causando-lhes o menor dano possível.

Di Pietro (2012) explica que a criação de serviços e atos públicos que se direcionem ao bem comum e à prestação dos serviços constitucionalmente definidos em prol da população sejam de incumbência do Estado, devendo-se considerar que:

> Em regra, o pessoal se submete ao direito do trabalho, com equiparação aos funcionários públicos para determinados fins; os contratos com terceiros submetem-se, em regra, ao direito comum; os bens não afetados à realização do serviço público submetem-se ao direito privado, enquanto os vinculados ao serviço têm regime semelhante ao dos bens públicos de uso especial; a responsabilidade, que até recentemente era subjetiva, passou a ser objetiva com a norma do artigo 37, § 62, da Constituição de 1988. Aplica-se também o direito público no que diz respeito às relações entre a entidade prestadora do serviço e a pessoa jurídica política que a instituiu. (Di Pietro, 2012, p. 78)

Portanto, a organização do Estado, a criação de atos e a prestação de serviços públicos são de ordem constitucional, não estando isentos dos juízos de ordem ético-moral, por serem vinculados à gestão da *res publica*, colocada em prol do bem comum e do atendimento a um maior número de sujeitos. Desde o período clássico grego, a ordem pública vincula-se às condições da vida na pólis, sendo nela que se estabelecem relações e inter-relações que definem limites, obrigações e responsabilidades que cabem a todos e a cada um, em sua condição de cidadãos ativos e partícipes, envolvidos e corresponsáveis pela boa governança e pela sustentabilidade da gestão da coisa pública.

Essa vinculação entre a ordem constitucional e a vida na pólis pressupõe a ordem ético-moral, que avalia as relações estabelecidas entre a moralidade vivencial e a moralidade pública, exigindo transparência e práticas de avaliação e controle pela coletividade sobre as condições de sua execução.

Parafraseando Giannotti (1992, p. 244), entendemos que a moralidade pública e administrativa consiste em uma esfera da qual todos nós participamos e que cada sistema moral, a fim de revelar sua pertinência, precisa ser confrontado por outros, pressupondo-se que todos os sujeitos sejam incluídos em seu âmbito e estabelecendo-se regras de convivência e direitos que assegurem aos envolvidos formas para verificar, avaliar e vivenciar seus sistemas de valores, de modo que possam ser questionados quando necessário e adaptados para possibilitar a convivência e a participação coletiva na vida pública.

Disso decorre que o exercício do **princípio da moralidade** pública e administrativa, em face dos desmandos de ordem política e econômica na contemporaneidade em todos os níveis e instâncias da vida em sociedade, constitui-se em um dos grandes desafios para a sociedade internacionalizada do terceiro milênio, trazendo a necessidade de reflexões sobre os vários aspectos envolvidos nesse tema.

Os impactos decorrentes da celeridade com que se desenvolvem o indivíduo e as sociedades no período contemporâneo suscitam inúmeros e necessários questionamentos sobre a organização do Estado, a criação e a prestação de serviços públicos na ordem estatal, regida pelos preceitos constitucionais de cada país. A promulgação da CF de 1988 no Brasil trouxe à tona princípios e premissas legais das mais diversas naturezas, tentando-se abarcar em suas determinações a totalidade dos amplos aspectos da vida em sociedade e deixando-se implícitos aspectos de ordem ético-moral que, em legislações complementares, foram de alguma forma contemplados.

Apesar da vigência da CF de 1988 e da constante adequação das leis e das normas legais, não é ainda possível afirmar de modo incisivo sobre sua aplicabilidade. Porém, vale lembrar que com o fenômeno contemporâneo da celeridade da informação e da comunicação, exige-se que seu cumprimento e desdobramentos sejam regulamentados pelas estruturas administrativas do Estado, para que seus efeitos na vida em sociedade possam ser avaliados e suas consequências na vida pessoal, profissional e política dos sujeitos possam ser mensuradas de forma mais adequada. Certamente, tais efeitos e consequências se revelarão em algum momento e implicarão a necessidade de análises e reflexões mais aprofundadas, de forma eticamente situada.

A conduta da ação se reflete na prática da moralidade, cujos princípios são normativos e revelados pela conformidade ou não aos bons costumes, relacionando-se à virtude (*areté*) do cidadão ético, que vive em sociedade e nela pretende exercer essa condição do bem viver pessoal e coletivo.

A ação estatal é norteada por diversos princípios, e a administração pública, em suas diversas instâncias (federal, estadual e municipal), constitui-se no instrumento de base do qual o Estado dispõe para dar consecução às demandas da população e executar as prioridades do governo, demonstrando, assim, o grau de aderência do interesse público a essas ações e revelando também se estas estão em acordo com o querer da coletividade.

Isso, por si só, revela a imperiosa necessidade de que a administração pública atue em consonância com os preceitos da ética pública e, nesse sentido, a **legalidade**, a **veracidade** e a **transparência** são elementos constitutivos de todos os momentos da tomada de decisão e da implementação das ações planejadas e executadas, em qualquer tempo e em qualquer lugar.

O **princípio da legalidade** é, sem dúvida, um dos mais determinantes para que o gestor público atue com sabedoria prudencial (*phrónesis*) em sua conduta administrativa e também para que garanta a execução da titularidade dos direitos inalienáveis do cidadão de participar e ser informado das ações de sua gestão. No entanto, esse não é o único aspecto a se considerar – embora se destaque quando se trata de pensar a eticidade administrativa de acordo com os princípios legais que a regem –, pois a presença desse princípio na condução da gestão da *res publica* faz emergir aspectos de respeito aos direitos fundamentais daqueles que executam a gestão pública, os gestores, funcionários e servidores públicos, e daqueles que sofrem seus efeitos na vida cotidiana.

Com a edição da Lei n. 12.527, de 18 de novembro de 2011 – Lei de Acesso à Informação (Brasil, 2011), desponta a necessidade de serem instituídos mecanismos de controle sobre a gestão pública em todos os seus níveis (federal, estadual e municipal), embora ainda existam grandes dificuldades de participação, acompanhamento e avaliação das ações da gestão pública pela sociedade, em decorrência de vários fatores, entre eles a falta de informação e desconhecimento das questões básicas do funcionamento do Estado e do governo da coisa pública.

Diante de tais constatações, surgem no Brasil organismos que passam a integrar a estrutura estatal, alçados à condição de provedores de informações sobre as ações da gestão pública, visando prover o cidadão das devidas informações sobre a conduta e as ações dos gestores públicos em uma ampla rede de agências e instituições de **fiscalização, avaliação e prestação de contas** (*accountability*). Define-se, assim, a necessidade de avaliação, acompanhamento e controle das ações e dos atos públicos, contando-se também com a colaboração imprescindível dos órgãos que compõem a estrutura do Poder Judiciário, como os Tribunais de Contas e o Ministério Público, na condição de sistema de controle interno dos poderes.

Assim, mediante a atuação de tais instâncias de controle, o **princípio da transparência**, ao lado do princípio da legalidade, permite e estimula o exercício da necessária **cidadania ativa**, com o acesso da população às informações e com a compreensão efetiva sobre tais ações, estimulando o exercício do adequado controle social dos âmbitos administrativos e dos atos e ações públicas.

Ao nos referirmos aos princípios da legalidade e da transparência dos serviços públicos, podem surgir questões afins, tais como a importância de poder distinguir os âmbitos de ação e avaliação da moral social, que se caracteriza pela unilateralidade de suas normas, dos âmbitos da moral legal, que se distingue pela imposição de leis e normas que definem os direitos e os deveres da vida em sociedade.

Conforme as proposições apresentadas pelos estudos de Cruz (2006) e Figueirêdo (2002), a moralidade, como um princípio explícito da gestão pública, deve conduzir ao entendimento de que, além da conformação às leis, o gestor público deve obediência à moral legal e pública, o que implica ações de acordo com aquilo que o senso comum define como **honestidade.**

O exercício da gestão pública, em conformidade com a moral legal e pública, está em interface constante com o que se pressupõe ser essencial ao exercício da cidadania ativa e plena, sendo esta também de dupla proposição. A primeira é derivada de ações dos movimentos sociais, que, por sua abrangência, encampam o conceito clássico de titularidade dos direitos e a consolidação dos pressupostos da democracia ativa e efetiva (Rodrigues, 2008; Chaui, 1992). A segunda relaciona-se com o republicanismo clássico, no qual se expressa a preocupação com a *res publica*. Revela-se um preocupante desconhecimento da população em relação à primeira proposição – que se refere à titularidade dos direitos e, consequentemente, dos deveres a serem cumpridos por todos aqueles que, de algum modo, sejam deles titulares –, devendo-se entender, então, que é necessário o constante aprimoramento desses mesmos direitos e deveres.

Nesse contexto, acreditamos ser relevante destacar que as condições deficitárias de entendimento sobre a cidadania não são desconhecidas e que isso se relaciona, entre outros aspectos, ao baixo nível de escolarização da população, conforme os resultados de pesquisas realizadas, que indicam alto índice de analfabetismo funcional da população brasileira. Isso mostra o quanto temos ainda a avançar no caminho da construção da cidadania ativa e a aprender pelo caminho.

Entendemos que esse caminhar e aprender com o caminho envolve muitos outros atores e instâncias da sociedade civil, do Estado e dos governos,

> os quais, ao proporcionarem o acesso da população a seus mecanismos de participação e de aplicação da fundamentação legal, podem oferecer acompanhamento, difusão e controle dos procedimentos ético-morais e legais da gestão pública, garantindo, assim, a efetividade social e legal da cidadania ativa e do consequente aprendizado para exercê-la.

Segundo Weffort (2000, p. 62), Immanuel Kant (1724-1804), um dos autores clássicos do pensamento político da sociedade ocidental, apresentou alguns aspectos do que seria primordial ao aprendizado do exercício da cidadania ativa, destacando, em primeiro lugar, a questão da **autonomia**, pela qual o sujeito tem capacidade de conduzir-se seguindo seu próprio livre-arbítrio; em segundo lugar, a **igualdade** perante a lei; e, em terceiro lugar, a **independência**, ou seja, a capacidade de os sujeitos se sustentarem e se garantirem livres e independentes no âmbito pessoal, profissional e sociopolítico. Lembramos que somente são passíveis do julgamento ético-moral as ações que forem executadas mediante a livre decisão do sujeito e a liberdade para deliberar sobre quais são seus deveres, com base na consideração efetiva de seus direitos.

John Stuart Mill (1806-1873), outro autor clássico do pensamento político ocidental, pressupõe duas categorias para a efetivação da cidadania: a de **cidadão ativo** e a de **cidadão passivo**. Mill (1981) afirma que os governantes, de modo geral, preferem os passivos, pela ausência de contestação que os define, sendo, porém, importante que se façam presentes os da primeira categoria como fundamentais aos princípios de vivência democrática e republicana, que tem seus fundamentos primordiais de existência da cidadania na presença da ação responsável e crítica.

Reforçamos o exposto afirmando que, quando não há participação efetiva, minorias com maior expressão social, política e econômica se fazem representar e determinam os encaminhamentos dos negócios da vida pública (a vida na pólis), referendando também os negócios e as instâncias econômicas e legais, ou seja, as instâncias que se relacionam diretamente com as leis que regem a vida pública (*nomós*).

4.4 Lei n. 12.527/2011 – aspectos ético-morais e as relações com o Programa Brasil Transparente

A Lei n. 12.527/2011 abrange órgãos e entidades da esfera pública e de todos os poderes e entes da federação, aplicando-se também às entidades privadas sem fins lucrativos que recebam recursos públicos. Uma das premissas fundamentais dessa lei, seguindo tendência internacional (mais de 90 países já apresentam leis dessa natureza), é a de que o acesso à informação deve ser a regra; assim, as exceções seriam feitas em face de qualquer forma de sigilo que possa se apresentar nos atos e nas ações de órgãos públicos. Ou seja, toda e qualquer informação gerada por essas entidades e órgãos públicos que não seja de caráter sigiloso (assim definida em nome da segurança nacional) deve ser acessível a todos os indivíduos que por ela tenham e demonstrem qualquer nível de interesse.

De acordo com o art. 4º, inciso I, dessa lei, as informações são "dados, processados ou não, que podem ser utilizados para produção e transmissão de conhecimento, contidos em qualquer meio, suporte ou formato" (Brasil, 2011). Além disso, conforme o art. 5º da mesma lei: "É dever do Estado garantir o direito de acesso à informação, que será franqueada, mediante procedimentos objetivos e ágeis, de forma transparente, clara e em linguagem de fácil compreensão" (Brasil, 2011).

Com base em tais premissas legais, entendemos ser dever do Estado garantir o acesso à informação pública, pois a publicidade de atos e ações públicas é preceito legal, e o sigilo, nesse contexto, seria apenas uma exceção. Assim, essas informações devem ser franqueadas aos cidadãos sempre de forma clara, ágil, transparente e de fácil e rápida compreensão, sendo sua gestão aspecto primordial para a atualização e a abertura das informações aos interessados, sem depender de solicitação prévia dos órgãos estatais.

A negação de uma informação deve sempre ser motivada e acompanhada da identificação da autoridade que a classificou como não acessível e da indicação aos requerentes sobre prazos e condições para interposição dos recursos cabíveis, designando-se também a quais órgãos devem estes ser dirigidos.

Ainda, conforme o disposto na Lei n. 12.527/2011, temos que:

> Art. 9º O acesso a informações públicas será assegurado mediante:
>
> I – criação de serviço de informações ao cidadão, nos órgãos e entidades do poder público, em local com condições apropriadas para:
>
> a) atender e orientar o público quanto ao acesso a informações;
>
> b) informar sobre a tramitação de documentos nas suas respectivas unidades;
>
> c) protocolizar documentos e requerimentos de acesso a informações; e
>
> II – realização de audiências ou consultas públicas, incentivo à participação popular ou a outras formas de divulgação. (Brasil, 2011)

Com relação às incumbências cabíveis à ação da autoridade responsável pelas informações que devam ser tornadas públicas, a mesma lei determina em seu art. 40:

> Art. 40. No prazo de 60 (sessenta) dias, a contar da vigência desta Lei, o dirigente máximo de cada órgão ou entidade da administração pública federal direta e indireta designará autoridade que lhe seja diretamente subordinada para, no âmbito do respectivo órgão ou entidade, exercer as seguintes atribuições:
>
> I – assegurar o cumprimento das normas relativas ao acesso à informação, de forma eficiente e adequada aos objetivos desta Lei;
>
> II – monitorar a implementação do disposto nesta Lei e apresentar relatórios periódicos sobre o seu cumprimento;
>
> III – recomendar as medidas indispensáveis à implementação e ao aperfeiçoamento das normas e procedimentos necessários ao correto cumprimento do disposto nesta Lei; e
>
> IV – orientar as respectivas unidades no que se refere ao cumprimento do disposto nesta Lei e seus regulamentos.
> (Brasil, 2011)

A Lei n. 12.527/2011 traz definições quanto à responsabilidade de servidores civis e militares e de terceiros, referindo-se a oito novas condutas ilícitas, aplicáveis também a militares, e definindo a penalidade mínima de suspensão e a penalidade disciplinar, que pode ser cumulada com um processo civil por improbidade administrativa.

Os denominados *terceiros* (pessoas físicas ou jurídicas) podem ser penalizados com rescisão do vínculo com a administração pública se não observarem os preceitos da Lei n. 12.527/2011, e a administração indenizará possíveis danos decorrentes da divulgação não autorizada ou da utilização indevida de informações sigilosas ou pessoais que não possam ser tornadas públicas.

Com base no exposto, é relevante destacarmos os aspectos ético-morais que permeiam as premissas legais. Estes se relacionam com os valores de **civilidade, respeito mútuo e preservação da ordem legal** e requerem o estabelecimento de relações de confiança e confiabilidade, as quais, conforme define Montoro Filho (2012), podem ser traduzidas como **prudentes e necessárias** a toda ação que se vincule aos fatos gerados pela gestão pública. Portanto,

> A confiança [e a confiabilidade não se constituem em] um bem que possa ser fornecido apenas pelo livre jogo das forças de oferta e procura dos agentes privados. [...] Regras de conduta, e em especial regras de prudência, regulação prudencial, são necessárias, e eficiente supervisão de entidades governamentais é indispensável.
> (Montoro Filho, 2012, p. 67)

Não resta dúvida de que a maior legalização e uniformização das informações e da transparência sobre os atos da gestão pública, em qualquer de suas esferas de poder, vão ao encontro das demandas atuais da sociedade e, para isso, não são necessários grandes investimentos e recursos financeiros de alta monta, mas respeito aos princípios democráticos e republicanos já contidos na Constituição Federal, na qual estão previstos o direito à informação e a obrigatoriedade de transparência dos atos da gestão pública.

Ressaltamos as disposições contidas nos arts 5º, 31 e 165 da CF, que tratam da transparência e do controle social sobre os atos da administração pública:

> Art. 5º [...]
> XXXIII – todos têm direito a receber dos órgãos públicos informações de seu interesse particular, ou de interesse coletivo ou geral, que serão prestadas no prazo da lei, sob pena de responsabilidade, ressalvadas aquelas

> cujo sigilo seja imprescindível à segurança da sociedade e do Estado.
>
> [...]
>
> Art. 31. [...]
>
> § 3º As contas dos Municípios ficarão, durante sessenta dias, anualmente, à disposição de qualquer contribuinte, para exame e apreciação, o qual poderá questionar-lhes a legitimidade, nos termos da lei.
>
> [...]
>
> Art. 165. [...]
>
> § 3º O Poder Executivo deverá publicar, até trinta dias após o encerramento de cada bimestre, relatório resumido da execução orçamentária. (Brasil, 1988)

Mas o dispositivo mais relevante da CF é certamente o art. 37, que voltamos a citar a seguir: "A administração [gestão] pública direta e indireta de qualquer dos Poderes da União, dos estados, do Distrito Federal e dos municípios obedecerá aos princípios de legalidade, impessoalidade, moralidade, publicidade e eficiência [...]".

Essas premissas constitucionais, se levadas à prática efetiva, são indicativos definidores do progresso moral da sociedade, pois se refletem nos avanços dos níveis de relações existentes entre os interesses públicos e privados. Sempre que avanços dessa natureza ocorrem, definem-se mudanças nos valores e nos princípios que nos caracterizam como cidadãos ativos. Práticas voltadas à garantia do acesso às informações emanadas dos poderes e da gestão pública refletem-se na ampliação do acesso aos direitos, em especial, àqueles que são imprescindíveis à efetividade da moralidade pública.

Tais mudanças e avanços requerem que os cidadãos se sintam cada vez mais participantes dos negócios da vida pública e que se sintam também

> mais responsáveis, inclusive pela criação e manutenção de ambientes favoráveis à civilidade pública, imprescindíveis ao exercício ético da **cidadania ativa**.

Nesse processo de ampliação das esferas de avaliação e controle, de deveres e direitos da cidadania, surge o **Programa Brasil Transparente**, especificamente voltado à aplicação da Lei 12.527/2011. Trata-se de um excelente mecanismo de controle e avaliação dos processos de acesso à informação e do direito dos cidadãos à transparência nos negócios públicos no país, estando ambas as situações previstas em texto constitucional e em outros dispositivos legais e normativos, entre eles a LRF (Brasil, 2000) e a Lei da Transparência – Lei Complementar n. 131, de 27 de maio de 2009 (Brasil, 2009).

Com a promulgação dessas legislações, o Brasil passa a oferecer aos cidadãos garantias e direitos de amplo acesso a todos e quaisquer documentos e/ou informações emitidos pelo Estado e que por ele sejam custodiados, desde que não estejam protegidos por sigilo a bem do serviço público e não sejam de caráter pessoal.

No portal do Ministério da Transparência, Fiscalização e Controle, informa-se que esses princípios e determinações de ampla transparência são de cumprimento obrigatório para todos os entes governamentais da Federação brasileira e que, se necessário, a Controladoria Geral da União (CGU) poderá auxiliar no cumprimento dessas determinações legais (Brasil, 2016).

Conforme o art. 2º da Portaria n. 277, de 7 de fevereiro de 2013 (Brasil, 2013), editada pela CGU, o Programa Brasil Transparente apresenta os seguintes objetivos:

> I – promover uma administração pública mais transparente e aberta à participação social;
>
> II – apoiar a adoção de medidas para a implementação da Lei de Acesso à Informação e outros diplomas legais sobre transparência;

> III – conscientizar e capacitar servidores públicos para que atuem como agentes de mudança na implementação de uma cultura de acesso à informação;
>
> IV – contribuir para o aprimoramento da gestão pública por meio da valorização da transparência, acesso à informação e participação cidadã;
>
> V – promover o uso de novas tecnologias e soluções criativas e inovadoras para abertura de governos e o incremento da transparência e da participação social;
>
> VI – disseminar a Lei de Acesso à Informação e estimular o seu uso pelos cidadãos;
>
> VII – incentivar a publicação de dados em formato aberto na internet;
>
> VIII – promover o intercâmbio de informações e experiências relevantes ao desenvolvimento e à promoção da transparência pública e acesso à informação. (Brasil, 2013.)

As ações e os serviços a serem oferecidos, no âmbito do programa, ao público interessado são também explicitados nessa mesma determinação da CGU, no art. 4º:

> Art. 4º O programa Brasil Transparente oferecerá, entre outras, as seguintes ações:
>
> I – realização de seminários, cursos e treinamentos sobre Transparência e Acesso à Informação, presenciais e virtuais, voltados a agentes públicos;
>
> II – utilização do sistema eletrônico do Serviço de Informação ao Cidadão (e-SIC);
>
> III – elaboração e distribuição de material técnico e orientativo sobre a Lei de Acesso à Informação e outros diplomas legais sobre transparência;

IV – promoção de campanhas e ações de disseminação da Lei de Acesso à Informação junto à sociedade;

V – orientação sobre os requisitos para o desenvolvimento de Portais de Transparência na rede mundial de computadores – internet;

VI – outras atividades correlatas. (Brasil, 2013)

Quanto à não aplicação dos dispositivos legais relativos ao tema, a Lei n. 8.112, de 11 de dezembro de 1990 (Brasil, 1990), embora seja uma normativa legal anterior à Lei de Acesso à Informação, já previa a possibilidade de responsabilizar civil, penal e administrativamente o servidor público que ferisse, de alguma forma, suas responsabilidades públicas e não cumprisse as determinações legais. Assim, temos que:

> Art. 121. O servidor responde civil, penal e administrativamente pelo exercício irregular de suas atribuições.
>
> Art. 122. A responsabilidade civil decorre de ato omissivo ou comissivo, doloso ou culposo, que resulte em prejuízo ao erário ou a terceiros.
>
> Art. 123. A responsabilidade penal abrange os crimes e contravenções imputadas ao servidor, nessa qualidade.
>
> [...]
>
> Art. 124. A responsabilidade civil-administrativa resulta de ato omissivo ou comissivo praticado no desempenho do cargo ou função.
>
> Art. 125. As sanções civis, penais e administrativas poderão cumular-se, sendo independentes entre si. (Brasil, 1990)

Medidas dessa natureza convocam os sujeitos a exercer sua cidadania de forma ativa e participante, informando-se a respeito dos problemas de âmbito público, e permitem entrever o cunho ético-moral envolvido na questão, mesmo que de modo tímido, objetivando-se, de algum modo, divulgar os aspectos determinantes da vida na pólis.

Os novos papéis que as gestões públicas, em suas diferentes instâncias, precisam desempenhar remetem à necessidade de redefinir os espaços, os tempos e as relações de poder da burocracia estatal, redefinindo-se também, consequentemente, a função pública e seus desdobramentos na vida em sociedade. Essa redefinição espaço-temporal do Poder Público possibilita que se constituam agendas públicas de maior impacto, as quais conduzam à ampliação tanto da formação política do cidadão quanto da formação profissional do servidor e do gestor público.

A eticidade necessária para o alcance desses novos níveis de formação exige que se superem os âmbitos corporativos e sectários ainda presentes nos serviços públicos do país e também que a discussão seja remetida aos âmbitos adequados, gerando-se debates e posicionamentos que entrevejam o real espaço daquele que se propõe a atuar na gestão da coisa pública. Esses debates e discussões revelam um entendimento mais transparente sobre os significativos impactos que a melhoria dos índices de formação e educação dos sujeitos envolvidos pode trazer ao conjunto das ações decisórias no âmbito governamental e evidenciam a necessidade de uma nova visão da gestão pública.

Esse impulso à transparência e à participação, bem como à avaliação dos setores da gestão pública estatal, fortalece as agendas reformistas e modela práticas coletivas e corresponsáveis para articular verdadeiras mudanças na esfera governamental e na esfera das responsabilidades coletivas dos cidadãos para com o aprimoramento ético da gestão da coisa pública.

4.5 A nova gestão pública

O desenvolvimento de uma **sociedade democrática** supõe a construção e o reconhecimento efetivo da presença de sujeitos de direitos e de deveres, entendidos como cidadãos da pólis, sendo relevante entender que "o **núcleo da modernidade ocidental** implica na ampliação das esferas e do rol de direitos do homem e dos cidadãos, como decorrência do surgimento dos direitos políticos sociais, civis e culturais", segundo Rodrigues (2008, p. 100).

Nesse contexto, é preciso compreender a cidadania como produto de histórias vividas pelos grupos sociais e pelas sociedades; não se trata, pois, de algo dado, mas de algo a ser construído como:

- um produto e um processo constituídos por diferentes tipos de direitos e instituições;
- uma aquisição consciente e livre;
- uma conquista.

Portanto, é necessário superar as concepções restritas de democracia como mero regime político e de cidadania como mero exercício dos direitos civis (p. ex. liberdade de ir e vir) e dos direitos políticos (p. ex. votar e ser votado), como explica Rodrigues (2008).

Uma compreensão mais ampliada de ambas, segundo Rodrigues (2008), exige que se estendam os olhares para concepções mais adequadas aos desafios da contemporaneidade, entendendo-se a **democracia** como uma forma de sociabilidade que penetra em todos os espaços sociais e a **cidadania** como uma conquista significativa e constante de direitos e deveres sociais, qualidade de vida, equidade e participação. Nesse contexto se verifica uma relação estreita entre os direitos individuais e os direitos coletivos, entre os direitos civis, políticos, sociais, econômicos e culturais e os deveres que lhes são correlatos – entendidos todos como direitos e deveres humanos fundamentais para o surgimento, o desenvolvimento e a manutenção permanente da **cidadania ativa**, na qual todos e cada um são concomitantemente responsáveis por manter tais direitos e possibilidades e por cumprir tais deveres e responsabilidades, em uma situação desafiadora e instigante que possibilita a adesão a práticas transformadoras e emancipatórias dos sujeitos.

Essa cidadania ativa revela-se pela presença de novos atores sociais, de novos olhares e de enfoques mais situados sobre a realidade dessa sociedade seletiva, excludente e regulada, apresentando mecanismos de regulação e fortes determinações exógenas aos reais interesses e modos de pensar e de agir dos sujeitos que a compõem. Segundo a proposição de Rodrigues (2008), isso demonstra a necessidade urgente de que esses sujeitos, entendidos como cidadãos reais e ativos, possam acompanhar e avaliar com maior visibilidade a qualidade de oferta dos serviços públicos.

Conforme propõe Souza (2001), no desenrolar do contexto histórico, chegamos aos anos 2000 com expectativas de novos enfoques e ações que permitam efetivas mudanças e transformações, principalmente no tocante à gestão pública. Em razão do impacto de novas tecnologias, do acesso às informações e da ampliação das esferas de participação dos sujeitos na vida da pólis, esses novos enfoques vêm se consolidando como reformadores das práticas gestoras, buscando-se construir e reconstruir capacidades e responsabilidades na gestão cotidiana dos negócios da vida pública, tanto de seus gestores como daqueles que usufruem/sofrem os efeitos e as consequências das referidas ações, sendo afetados e/ou beneficiados pelos atos administrativos; constituem-se assim novas modalidades de ações no âmbito público.

> Vale lembrar que a finalidade última da pólis, segundo propõe Aristóteles (1991b), no século IV a.C., na obra *A política*, está em assegurar aos seus cidadãos uma vida digna, com homens livres e capazes de exercer a *areté* (virtude) por meio da participação social e da deliberação sobre os negócios da vida pública, entendendo-se que a função de governo, por seu cunho deliberativo (elaborar leis e julgar fatos de interesse coletivo), deve

> sempre estar na mão de muitos cidadãos, pois a opinião de muitos será muito mais prudente ao se deliberar tanto sobre o universal (as leis) quanto sobre o particular (os crimes e delitos). As premissas do eminente pensador grego indicam, porém, que a função executiva do governo, por exigir maior preparo administrativo do governante, deve estar na mão de sujeitos aptos a exercê-la e capazes de tomar decisões que melhor atendam aos interesses comuns dos cidadãos da pólis.

Nessa dimensão reformadora, precisam estar presentes, segundo Souza (2001), três pilares: a **gestão pública**, a **sociedade** e o **governo**, que se constituem e se imbricam, envolvendo os diferentes atores políticos e a presença do Estado e da sociedade civil em seus desdobramentos e consequências e apontando para a necessidade de uma gestão mais eficiente na realização e na oferta dos serviços públicos.

Dessa maneira, seja pelas novas formas de exercício da gestão pública, seja pelas novas formas de organização da sociedade civil – mais consciente de seus poderes de acompanhamento, avaliação e controle (*accountability*) –, têm sido alargados os espaços de participação na tomada de decisão sobre os negócios da vida pública. Essa modificação nas formas de participação, embora não esteja acima das questões ideológicas, é forma incontestável da outorga de poder e das responsabilidades e requer a explicitação transparente dos objetivos e metas das ações que se consolidam nos novos jeitos de constituir o papel e o exercício da cidadania ativa em face da gestão pública.

Assim, entendemos que tais aspectos suscitam a reflexão sobre as relações entre a ética e as novas formas de gestão pública, que, por diversos fatores, apresentam-se como passíveis de descrição e de prescrição sobre sua adequabilidade, transparência e sustentabilidade, com a finalidade de se avaliarem os limites e as consequências de suas ações sobre as pessoas e as sociedades.

Estudo de caso

Em uma pesquisa realizada na Região Metropolitana do Rio de Janeiro (Pandolfi, 1999), ao ser solicitado aos entrevistados que citassem até três direitos constitucionais, os resultados revelaram-se extremamente preocupantes, pois cerca de 56,7% dos entrevistados não conseguiram mencionar um único direito constitucional. Os direitos sociais ligados à saúde, à educação, à segurança e à previdência foram destacados apenas por 25,8% dos entrevistados. Em segundo lugar, apareceram os direitos civis, com 11,7%, e os direitos políticos (votar e ser votado), com 1,6%. Esses resultados levam à conclusão de que a baixa percepção da titularidade de direitos políticos se deve ao baixo índice de interesse e conhecimento da população com relação às questões de ordem política etambém ao fato de que, no Brasil, o voto, por ser obrigatório, é entendido muito mais como um dever do que como um direito.

1. Considerando o exposto e os níveis educacionais precários de grande parte da população brasileira, podemos enrender que os resultados da pesquisa se justificam. Como um possível gestor público, que atitudes você tomaria a fim de alterar para melhor os índices apresentados nos resultados da pesquisa?

Síntese

Ao serem expostos aspectos concernentes ao tema da gestão pública em suas relações com os princípios constitucionais, interessa ressaltar que o estudo da ética na gestão dos negócios do Estado deve ser entendido como o conjunto de reflexões sobre a pertinência dos princípios que regem as ações do gestor público. No exercício da gestão pública, conta-se também, atualmente, com algumas leis específicas para que seja possível estabelecer vínculos entre esse setor e os cidadãos, entre as quais, estão a Lei da Transparência, a Lei de Acesso à Informação e a Portaria n. 277/2013.

Neste capítulo, ressaltamos que, pelo art. 37 da CF, definem-se os quatro princípios determinantes a serem considerados na busca da eticidade da gestão pública, sendo eles os princípios da legalidade, da impessoalidade, da moralidade, da publicidade. Tais princípios são complementados pelo princípio da eficiência, tornando-se pontos basilares para nortear a conduta administrativa em todas as instâncias e esferas administrativas (federal, estadual e municipal).

Questões para revisão

1. O termo *accountability* (ser responsável e responsabilizado concomitantemente) define-se pela necessidade de que a gestão pública seja exercida de tal forma que os cidadãos possam:
   a. apenas exprimir o que desejam.
   b. ficar alheios aos atos e ações do Poder Público.
   c. cumprir apenas os preceitos constitucionais de deveres e de direitos.
   d. cumprir os princípios democráticos de corresponsabilidade pelos procedimentos de acompanhamento, avaliação e controle dos serviços e dos atos públicos e responsabilizar-se também pelos resultados deles decorrentes, como agentes da cidadania ativa.
   e. exigir seus direitos e apenas eles.

2. Segundo o art. 9º da Lei de Acesso à Informação (Lei n. 12.527/2011), temos que:

> Art. 9º O acesso a informações públicas será assegurado mediante:
>
> I – criação de serviço de informações ao cidadão, nos órgãos e entidades do poder público, em local com condições apropriadas para:
>
> a) atender e orientar o público quanto ao acesso a informações;
>
> b) informar sobre a tramitação de documentos nas suas respectivas unidades;
>
> c) protocolizar documentos e requerimentos de acesso a informações; e
>
> II – realização de audiências ou consultas públicas, incentivo à participação popular ou a outras formas de divulgação (Brasil, 2011).

As responsabilidades indicadas nesse artigo são de competência:

a. apenas da administração pública federal.
b. de todos os cidadãos da sociedade envolvida.
c. de todos os níveis – federal, distrital federal, estadual e municipal –, fazendo cumprir os dispositivo legais da Lei de Acesso à Informação.
d. apenas dos poderes públicos municipais.
e. apenas de responsabilidade dos entes públicos estaduais.

3. Mediante a edição e promulgação de legislações como a Lei de Acesso à Informação e a Portaria n. 277/2013, apresentam-se aos cidadãos brasileiros:
   a. programas definidos que levam ao descompromisso com a gestão da coisa pública.
   b. âmbitos que determinam apenas as responsabilidades da administração pública federal.
   c. definições meramente abstratas e sem efeitos práticos.
   d. medidas relacionadas com a normatização de ações transparentes e acessíveis aos cidadãos e que levam os sujeitos a ser participantes e a exercer sua cidadania de forma ativa e consciente.
   e. algumas premissas e paliativos em prol da superação dos autoritarismos estatais.

4. Com base na Constituição Federal de 1988, cite os quatro princípios relativos à administração pública e comente, de forma objetiva, sua efetividade na prática da gestão pública cotidiana.

5. Qual é o princípio complementar aos quatro princípios elencados no art. 37 da Constituição Federal de 1988? Explique objetivamente no que ele consiste.

Questão para reflexão

1. Estabeleça relações entre a Lei de Acesso à Informação (Lei n. 12.527/2011) e os preceitos ético-morais da cidadania ativa.

Perguntas & respostas

1. Relacione a transparência no serviço público e as premissas ético-morais da sociedade contemporânea.

   Com as novas determinações legais sobre a transparência na oferta de bens e serviços públicos, passa a ser dever do Estado garantir o acesso à informação pública, pois a publicidade de atos e ações públicas é preceito legal e o sigilo, nesse contexto, seria apenas uma exceção. Essas informações devem ser disponibilizadas aos cidadãos sempre de forma clara, ágil, transparente e de fácil e rápida compreensão, sendo sua gestão aspecto primordial para a atualização e a abertura das informações aos interessados, sem depender de solicitação prévia dos órgãos estatais. A negação de uma informação deve sempre ser motivada e acompanhada da identificação da autoridade que a classificou como não acessível e da indicação aos requerentes sobre prazos e condições para interposição dos recursos cabíveis, designando-se também a quais órgãos devem estes ser dirigidos. Esses aspectos determinam avanços e exigem o cumprimento de preceitos ético-morais fundamentais para uma gestão pública comprometida com a verdade e o bem coletivo.

2. O que define o Programa Brasil Transparente, estabelecido pela Portaria n. 277/2013?

   O art. 37 da Constituição Federal define: "A administração pública direta e indireta de qualquer dos Poderes da União, dos Estados, do Distrito Federal e dos Municípios obedecerá aos princípios de legalidade, impessoalidade, moralidade, publicidade e eficiência [...]". Essa definição constitucional, se levada à prática, é um forte indicativo do progresso moral da sociedade, pois se reflete nos avanços de entendimento sobre as relações entre os interesses públicos e os interesses privados. Sempre que isso ocorre, definem-se mudanças nos valores e nos princípios que nos caracterizam como cidadãos ativos. Nesse processo de ampliação das esferas de avaliação e controle, de deveres e direitos da cidadania e das possibilidades de progresso moral da sociedade brasileira, surge o Programa Brasil Transparente – especificamente voltado à aplicação da Lei 12.527/2011 como um excelente mecanismo de controle e avaliação dos processos de acesso à informação e do direito dos cidadãos à transparência nos negócios da gestão pública no país. Ambas as situações estão previstas em texto constitucional e em outros dispositivos legais e normativos, entre eles a LRF e a Lei da Transparência.

Consultando a legislação

De modo a melhor compreender o exposto neste capítulo, sugerimos a consulta às seguintes legislações, nas quais se encontram as determinações legais que fundamentam os princípios da ética na gestão pública:

BRASIL. Constituição (1988). **Diário Oficial da União**, Brasília, DF, 5 out. 1988. Disponível em: <http://www.planalto.gov.br/ccivil_03/Constituicao/Constituicao.htm>. Acesso em: 22 maio 2016.

_____. Emenda Constitucional n. 19, de 4 de junho de 1998. **Diário Oficial da União**, Poder Legislativo, Brasília, DF, 5 jun. 1998. Disponível em: <http://www.planalto.gov.br/ccivil_03/Constituicao/Emendas/Emc/emc19.htm>. Acesso em: 22 maio 2016.

BRASIL. Presidência da República. Controladoria-Geral da União. Portaria n. 277, de 7 de fevereiro de 2013. **Diário Oficial da União**, Brasília, DF, 8 fev. 2013. Disponível em:<http://www.cgu.gov.br/sobre/legislacao/arquivos/portarias/portaria_cgu_277_2013-1.pdf>. Acesso em: 22 maio 2016.

Para saber mais

Se você estiver interessado em aprofundar os estudos sobre os temas apresentados no capítulo, sugerimos a leitura dos seguintes textos:

BUARQUE, C. **Da ética à ética**: minhas dúvidas sobre a ciência econômica. Curitiba: Ibpex, 2012. (ver Capítulos V e VI, p. 89-154)

QUINTANA, F. **Ética e política**: da Antiguidade Clássica à contemporaneidade. São Paulo: Atlas, 2014. (ver Capítulo 7 – "Moral Universal e o *Staatsreich* (Estado de Direito)", p. 151-172)

✦ ✦ ✦

capítulo cinco

Ética, responsabilidade social, governança e sustentabilidade – uma agenda contemporânea

Conteúdos do capítulo:

* O impacto das teorias éticas sobre a gestão pública.
* Os desafios éticos da responsabilidade social, das novas formas de governança e da sustentabilidade global período contemporâneo.

Após o estudo deste capítulo, você será capaz de:

1. reconhecer os impactos das teorias éticas sobre a gestão pública;
2. compreender os desafios éticos da responsabilidade social, das novas formas de governança e da sustentabilidade global no período contemporâneo;
3. entender que os conceitos éticos e de responsabilidade social, governança e sustentabilidade são históricos e se vinculam ao desenvolvimento da cultura e da sociedade, fazendo parte de práticas ético-morais cotidianas;
4. analisar as tensões existentes entre a ética, a gestão pública, a política e a economia no período contemporâneo.

A ética é fundamental para o desenvolvimento e a sustentabilidade social, política e econômica das instituições e/ou organizações nesses tempos em que se sobrepõem os valores e o entendimento daquilo que é adequado, bom e justo. É relevante que possamos refletir sobre esses aspectos, os quais podem parecer paradoxais e mesmo contraditórios, conforme Morin (2000, 1999), Martins e Silva (1999) e Moreira (1993), pois os conceitos éticos na sociedade contemporânea, por sua historicidade e transitoriedade, são bastante flexíveis e parecem atender a todas as vontades e verdades, com premissas que revelam o que seja possível legitimar teoricamente.

5.1 O impacto das teorias éticas sobre a gestão pública

Conforme Vázquez (1986), cabe à ética a reflexão sobre o conjunto das práticas morais da humanidade, entendendo-se que os princípios ético-morais dessa mesma sociedade são também fatores de sua competência reflexiva, de modo a explicitar sua legitimidade e validade. Ainda de acordo com esse autor,

> A ética parte do fato da existência da história da moral, isto é, toma como ponto de partida a diversidade de morais no tempo, com seus respectivos valores, princípios e normas. Como teoria, não se identifica com princípios e normas de nenhuma moral em particular e tampouco pode adotar uma atitude indiferente ou eclética diante delas. Juntamente com a explicitação de suas diferenças, deve a ética investigar o princípio que permita compreendê-las no seu movimento e nos seu desenvolvimento [histórico e cultural]. (Vázquez, 1986, p. 11-12)

No período contemporâneo, tais premissas permitem destacar que, no desenrolar dos acontecimentos e dos constructos teórico-práticos da sociedade ocidental, as experiências e o fluxo descontínuo dos saberes e dos conhecimentos que a caracterizam subsidiam também a **construção**, a **permanência** e a **fluidez** dos valores e das bases da eticidade e da moralidade, que se modificam conforme são alteradas as bases sociais, culturais e políticas, cujos reflexos se fazem sentir em todos os campos da ação humana, entre eles o da gestão pública.

> Os conceitos e as premissas ético-morais são constructos históricos que se delineiam por meio de experiências, vivências, saberes e conhecimentos da humanidade. Revelam-se também mediante teorias que se constroem com o objetivo de explicitar e explicar o entendimento que os sujeitos e as sociedades têm desses mesmos conceitos e premissas, permitindo dizer que nem tudo que é conceitual e legalmente definido está de acordo com aquilo que é eticamente pressuposto.

Em tempos sombrios e complexos como os que vivenciamos na contemporaneidade, a diversidade teórica se expande e, não raro, confunde aqueles que por ela são atingidos. No tocante às teorias sobre gestão e administração, há uma diversidade de construções teóricas que subsidiam os entendimentos epistemológicos e práticos sobre as ações administrativas efetivadas pelos sujeitos. Embora haja essa diversidade de conceitos e entendimentos teóricos, há pontos comuns e que direcionam os estudos sobre a temática da gestão administrativa, sendo elas relativamente recentes no conhecimento oficializado academicamente.

Conforme Bernardes (2005), as teorias da administração relacionam-se à **burocracia**, às **relações humanas** e à **visão sistêmica**, estando elas vinculadas aos preceitos rígidos da prática administrativa, aos sentimentos que envolvem essas relações humanas e à visão de totalidade que está implicada no conjunto contextual da administração.

Por sua vez, Campos e Barsano (2013) definem que as teorias da administração atrelam-se à abordagem clássica da administração (abordagens da administração científica, da organização racional do trabalho e da burocracia), à abordagem das relações humanas (teoria das relações humanas, teoria estruturalista e teoria comportamental) e à abordagem comportamental (teoria dos sistemas, teoria contingencial e teoria neoclássica). Todas elas contêm seus princípios e suas determinantes, pressupondo posturas e valores que se desenvolvem no campo prático vivencial da gestão organizacional e institucional pública e privada.

Com relação ao desenvolvimento e às novas formas de organização social e institucional, desdobram-se os conceitos éticos com base em algumas categorias que nos permitem estabelecer uma taxonomia das mais destacadas teorias que se definem nas relações com os princípios éticos das teorias organizacionais. Ampliando-se as concepções de Moreira (1993), temos:

+ **Teoria contratualista** – Com base nos constructos teóricos de Jean-Jacques Rousseau (1712-1778), essa teoria parte do princípio de que, no contrato social, o ser humano assume compromissos comuns com seus semelhantes e, portanto, o compromisso de bem agir para que todos sejam beneficiados e para que haja a paz e e a harmonia no grupo social.
+ **Teoria fundamentalista** – Suas bases vêm de conceitos éticos de fontes externas ao ser humano; as premissas se extraem das fontes bíblicas com base nas quais se definem os princípios do agir e do planificar a administração.
+ **Teoria utilitarista** – Sustenta-se nas premissas de Jeremy Bentham (1748-1832) e Jonh Stuart Mill (1806-1873), com o entendimento de que os desempenho pessoal deve ser administrado com o intuito de promover o maior bem para o maior número de pessoas.
+ **Teoria kantiana** – Com base nas premissas de Immanuel Kant (1724-1804), pressupõe que todos devem agir de acordo

com o interesse de todos, ou seja, com atitudes exemplares de cada um para que assim todos sejam beneficiados.

* **Teoria relativista** – Define que cada um deve agir de acordo com seu próprio entendimento do que é ético e, com isso, sustentar que suas próprias convicções são as mais adequadas para garantir o bem de todos. Sua conduta é o norteamento para a ação que é sempre variável e flexível, sendo por isso que os preceitos éticos são também maleáveis e relativos e se desenrolam ao sabor do interesse pessoal.

Vale ressaltar que essas teorias, por si sós, não podem ser consideradas absolutas e verdadeiras, pois têm de ser entendidas como premissas e base para as reflexões permanentes a que se deve proceder no âmbito da gestão e da administração. É preciso observar que, sempre que necessário, suas premissas e conceituações devem ser reelaboradas, o que se justifica pela historicidade que permeia as ações humanas em todas as suas instâncias e, em especial, no campo da valoração sobre os princípios que sustentam a gestão em suas implicações e decorrências, desvelando suas relações com as boas práticas administrativas e a eticidade necessária para legitimar essas mesmas ações em prol do bem de todos.

O relativismo ético que temos verificado nas ações da gestão pública até o período contemporâneo revela-se em ações e práticas que se fundamentam em atitudes burocráticas, utilitaristas, contratualistas e fundamentalistas, pelas quais a razão das ações administrativas se apresenta como exógena à sociedade e aos contextos específicos nos quais se desenrolam. Tais práticas, de modo geral, atendem aos interesses individuais dos governantes no exercício de sua função pública, sem estabelecer uma relação direta com as demandas e os interesses dos governados, indo de encontro aos interesses do público e do bem comum e aos conceitos fundamentais das boas práticas de gestão que são exigidas no período contemporâneo.

Sobre os valores e os princípios éticos considerados como adequados ao desenvolvimento de boas práticas na gestão pública

contemporânea, destacarmos o entendimento de Campos e Barsano (2013) acerca da evolução histórica desses princípios, ao considerarem os seguintes fatores como demarcatórios dos avanços no campo da gestão pública:
- a concorrência global;
- as novas necessidades dos clientes;
- a necessidade de aprimorar a qualidade dos produtos e dos serviços;
- as novas tecnologias de produção e distribuição de produtos e de prestação de serviços com substanciais avanços em curto espaço de tempo;
- o rápido crescimento do setor de serviços;
- a crescente escassez de recursos produtivos;
- os déficits de mão de obra qualificada;
- as questões ligadas à responsabilidade social e à sustentabilidade humanas.

Esses fatores atuam sobre os constructos ético-morais, que se são alterados a cada período histórico, conforme as sociedades se modificam, por sua historicidade e transitividade. Nesse sentido, as instituições e as organizações, públicas e/ou privadas, também precisam mudar e renovar-se, visando atender às demandas sociais e políticas decorrentes dessas novas relações que se apresentam no contexto da evolução das sociedades e do desenvolvimento sociopolítico e cultural das pessoas, dos povos e das nações.

Esse mesmo desenvolvimento inclui o aumento do nível de qualidade na oferta de produtos e na exigência por serviços cada vez mais qualificados, o que faz crescer o nível de responsabilidade que permeia a ação do gestor público contemporâneo. Esse aumento de reivindicações relaciona-se com as novas exigências das diferentes instâncias legais e éticas constituídas dialeticamente no desempenho da ação administrativa e gestora. Vincula-se também com o aumento do nível de exigências na formação e na capacitação dos profissionais que executam as atividades cotidianas no serviço público atendem às demandas daqueles que necessitam desses serviços, pessoas que, de algum modo, também têm ampliado sua qualificação e formação, o que implica maior conhecimento sobre seus direitos e deveres.

Com a concomitante elevação do nível de exigências e demandas, há a necessidade do aumento do nível de qualidade dos serviços e das ações dos gestores públicos, de modo a ampliar a satisfação com a eficiência e a eficácia na oferta desses serviços, que, por serem consciente e livremente executados, se relacionam sempre aos preceitos de eticidade que embasam a atuação gestora.

> A **eficiência** está ligada aos meios que são utilizados para executar os processos de oferta de serviços, na busca por errar o menos possível e aumentar a qualidade daquilo que se oferece às pessoas e às sociedades.
>
> A **eficácia** relaciona-se aos resultados que os processos empreendidos alcançam, sem maiores preocupações com os meios utilizados. Um produto e uma ação administrativa são qualificados como eficazes se atenderem, de alguma forma e com precisão, às demandas sociais e políticas da sociedade atingida pelas ações daquela administração (Moreira, 1993, p. 65).

Segundo Moreira (1993), com relação às premissas sobre o aumento da qualificação dos profissionais que executam os serviços públicos, devemos ressaltar a presença dos preceitos éticos da gestão pública no período contemporâneo. Cada vez mais as organizações e as instituições públicas e/ou privadas requerem um comportamento ético que possibilite a obtenção de lucros e ganhos qualificados sem haver a necessidade de se recorrer à corrupção, aos subornos e aos conchavos e arranjos políticos espúrios e condenáveis ou mesmo de se empreender qualquer forma de ação que venha a ferir os interesses das boas práticas da gestão, conforme as novas exigências da governança e da imprescindível sustentabilidade social, política e econômica da gestão de qualquer instituição ou organização pública e/ou privada.

5.2 Desafios éticos da responsabilidade social, das novas formas de governança e da sustentabilidade global no período contemporâneo

A grande pergunta mobilizadora da ética é: Como agir perante os outros? No tocante à liberdade e à responsabilidade do cidadão em face do desafio ético de ser partícipe das novas formas de governança na contemporaneidade, vem à tona outra questão para o exercício fundamental da cidadania ativa: Qual deve ser a responsabilidade social dos cidadãos diante das novas formas de gestão dos bens públicos?

Não restam dúvidas de que, quanto mais envolvente for a ação gestora da coisa pública, maiores serão os benefícios decorrentes de participações e responsabilidades compartilhadas, as quais devem ser democrática e coletivamente desempenhadas por todos os sujeitos que, de uma forma ou de outra, estejam vinculados aos contextos de sua aplicabilidade e de suas consequências.

> Em prol do bem comum, a gestão pública, vinculada à **responsabilidade social** e às **novas formas de governança**, relaciona-se aos princípios de práticas de sustentabilidade que regem o desenvolvimento global e estabelecem premissas e preceitos concernentes aos comportamentos ético-morais dos governantes e dos gestores públicos, envolvendo, consequentemente, os cidadãos, que necessitam estar atentos às formas de exercer essa mesma governança.

É necessário ressaltar que os conceitos ético-morais – como preceitos aplicáveis a todas as formas de conduta humana, seja no âmbito da gestão pública, seja no âmbito da gestão privada, destinando-se a adequar as ações dos sujeitos às questões do bem, do justo, do legítimo e do válido – devem ser aplicados sem nenhuma forma de coerção e/ou coação interna ou externa, pois implicam a ação livre e consciente, presente sempre que ocorre uma tomada de decisão, uma escolha ou uma opção humana em prol de algum fato ou fenômeno que atinja o sujeito ou lhe seja de interesse (Vázquez, 1986).

Há de se distinguir então o **campo da ação legal** – os âmbitos formais da formulação e aplicabilidade das leis – do **campo da ação ético-moral** – os âmbitos da livre e consciente decisão e escolha. Neste último caso, não há obrigatoriedade formal, mas a ação deve ser resultante de uma decisão livre e não arbitrária, que corresponda à capacidade decisória dos sujeitos. Por outro lado, o âmbito formal é de cumprimento obrigatório e passível de sanções legais, com a aplicação de penalidades formalmente definidas em leis.

No exercício da função pública, o princípio da **não violação** nos âmbitos formal e ético-moral deve ser cumprido pelo gestor público, em conformidade com os princípios e as responsabilidades de sua ação; o gestor deve ter sempre presente que sua ação – por ser eminentemente do âmbito político – está a serviço da construção e da vivência das boas práticas no exercício da função pública, em prol do bem comum e do desenvolvimento da comunidade.

Segundo Moreira (1993), a gestão pública é uma instância política e, por consequência, é também uma instância ético-moral, passível de observação, avaliação e controle daqueles que dela participam direta ou indiretamente, caracterizando-se pelas práticas do *accountability*. Assim, a gestão pública, por implicar tomada de decisão que envolve não só as dimensões legais e normativas, mas também as dimensões valorativas, gerando resultados que afetam a comunidade, deve divulgar as consequências presentes e futuras para aqueles que serão atingidos e/ou beneficiados por seus resultados.

Destacam-se aí a presença e a relevância da **responsabilidade social** no exercício da função gestora no âmbito da administração pública, o que exige sempre a capacidade de apresentar a melhor forma de agir, ou seja, aquela que, no sentido habermasiano (Habermas, 1989), venha a causar o menor dano ao maior número de pessoas.

Ao tratar de responsabilidade social e boa governança estatal, pelo fato de envolverem os gestores e as comunidades de sujeitos desse mesmo âmbito público, Montoro Filho (2012, p. 41) observa que

> O comportamento ético da população de um país, sua adesão espontânea às normas de convivência social, contribui para o bem-estar dessa coletividade em duas frentes. Primeiro, pelo aumento do PIB [Produto Interno Bruto], útil, pois reduz o volume de recursos a serem empregados em atividades de prevenção, repressão e punição, que, por si só, não tem utilidade. Segundo, contribui decisivamente para a geração de um bom ambiente [...] [imprescindível à boa convivência e fundamental para que se estabeleça] o desenvolvimento econômico [ambos necessários ao adequado desempenho da ação gestora pública e da qualidade administrativa].

Nesse entendimento, o bom ambiente de desenvolvimento e de sustentabilidade administrativa, bem como o ambiente favorável aos negócios da vida pública, nas dimensões econômica ou política, são fatores preponderantes para uma boa governança e uma sustentabilidade global, com base ética.

Autores como Vázquez (1986), Morin (2000, 1999), Ashley (2005) e Santos (1997), apresentam premissas que apontam para a ideia de que o grande fator contributivo para essa eticidade é decorrente das condições de criar e ampliar seu **capital social**, entendido, juntamente com os fatores de produção, os recursos naturais, os recursos humanos, o capital físico e a tecnologia, como fator de boa governança e sustentabilidade global. Esses autores defendem que todos esses fatores são imprescindíveis ao desenvolvimento e ao progresso social e moral de sociedades e nações no período contemporâneo, que, por sua complexidade e céleres transformações tecnológicas, comportamentais e atitudinais, exigem que se consubstanciem melhores práticas, aumentando, assim, seu capital social. Segundo Montoro Filho (2012, p. 42),

> Por capital social se entende a existência de um conjunto de valores e normas adotado por membros de uma comunidade, que lhes permite conviver e cooperar para a consecução de objetivos comuns ou realização de atividades compartilhadas. A confiança mútua é elemento essencial para esse comportamento.

Em relação ao crescimento dessas práticas de boa governança e de sustentabilidade de ações prioritárias para o aumento do capital social, fundamental para o desenvolvimento e para uma boa e sustentável gestão administrativa da coisa pública, Montoro Filho (2012, p. 43) ressalta mais alguns aspectos imprescindíveis e necessários, sendo eles relacionados à importância da:

1. conscientização da opinião pública das vantagens do comportamento ético, bem como dos prejuízos causados pelos desvios de conduta, como a sonegação de informações adequadas, verdadeiras e transparentes à população;
2. redução das tendências às transgressões para acatar sugestões e colaboratividade, facilitando assim o desempenho do agente público e o cumprimento dos ditames e obrigações legais, de forma tranquila e

> justa, melhorando e simplificando os procedimentos burocráticos;
> 3. ampliação de ações que possibilitem o aprimoramento dos mecanismos democráticos de prevenção e punição de desvios de conduta e de ações de corrupção, sem esquecer que a ausência de punição e a impunidade estimulam a permanência de ações inadequadas e à revelia da lei.

Com base no exposto, é possível deduzir que acompanhar e avaliar as boas práticas gestoras, bem como delas participar, estabelecendo premissas de *accountability* sobre os negócios do Estado e das ações relacionadas à gestão pública, é componente efetivo da cidadania na pólis. Isso, se efetivado, de modo envolvente e corresponsável, estimula o entendimento de que a participação é fator de sustentabilidade ética e de agregação de valores de cidadania ativa, pela capacidade construente, pela avaliação e pelo envolvimento em práticas de acompanhamento e controle dos atos do gestor da coisa pública, constituindo-se, dessa maneira, em grandes fatores de aumento do capital social de uma nação e de uma sociedade.

Vale ressaltar que, embora se apresentem alguns constructos teóricos rígidos e determinantes no tocante ao cumprimento das normas administrativas públicas, as instituições e organizações contemporâneas expressam práticas que relativizam de alguma forma essas premissas teóricas. Esse relativismo ético-moral permite uma espécie de oxigenação e revitalização das práticas administrativas, fazendo com que nem sempre as proposições teoricamente validadas se revelem adequadas aos diferentes modos de exercer a gestão pública. Assim, as práticas gestoras no setor público passam a ser uma espécie de **ação inacabada**, sempre em construção, cabendo destacar aí a importância da constante reflexão ética sobre sua aplicabilidade e sobre seus impactos e desdobramentos na vida das pessoas, dos grupos sociais e/ou das sociedades.

> Nesse campo fértil de suposições práticas, de determinações teóricas e de ações efetivas, as modelagens e os princípios ético-morais se renovam e se definem em acordo com as evoluções e/ou as involuções humanas. Porém, é justamente sobre essas idas e vindas que a reflexão ética precisa ser posta cotidianamente.

Nas bases teóricas dos princípios administrativos, podemos definir diferentes preceitos éticos. Extraímos de Weber (1994), em sua magistral obra *A ética protestante e o espírito do capitalismo*, as duas concepções éticas que acreditamos ser necessário trazer à discussão neste estudo:

+ a ética das convicções;
+ a ética das responsabilidades.

Segundo propõe Weber (1994), em conformidade com os preceitos da primeira concepção – a **ética das convicções** –, os valores e as determinações exógenas aos grupos envolvidos na questão administrativa prevalecem e são assumidos como legítimos e válidos em qualquer tempo e em qualquer lugar. Assim, são preceitos determinantes e subsidiam práticas autoritárias e nada participativas. Por sua vez, as premissas da segunda concepção – a **ética das responsabilidades** – nos parecem estar mais em acordo com os tempos fluidos e flexíveis que vivemos no período contemporâneo, pois advogam que a reflexão ética deve ocorrer não pelas leis universais, mas pelas análises e valorações sobre as consequências da ação empreendida.

Nessa perspectiva, *a priori*, não haveria determinantes éticos senão aqueles legitimados pela ação participativa, reflexiva e colaborativa e pela atuação ativa dos novos atores sociais do período contemporâneo – os cidadãos ativos –, que devem fazer-se presentes à mesa das deliberações e, conjuntamente, ser capazes de construir e subsidiar a validade da ação gestora pública, respaldada pela busca de valores comuns a serem vivenciados por todos os envolvidos e interessados nos negócios da vida pública. Esse aspecto já se explicitou nas pressuposições da ação comunicativa habermasiana

(Habermas, 1989), destacando-se a importância do diálogo, da negociação, do debate e da busca do consenso em prol do bem comum, entendido como fim último da ação política.

Essas premissas parecem estar em melhor acordo com o entendimento daquilo que foi denominado por Rodrigues (2008) de *cidadania ativa* e que, segundo Habermas (1989), revela a presença dos **concernidos** (os envolvidos atuais e futuros nas consequências da gestão pública) e dos **concernentes** (os que exercem a função pública de legislar e gerir os negócios do Estado), que juntos devem deliberar e decidir sobre as ações de interesse coletivo. Nessa ação colaborativa e participativa, apenas um argumento é válido. Conforme Habermas (1989), é aquele que, em sua aplicabilidade prática, cause o menor dano ao maior número de sujeitos envolvidos.

De acordo com Habermas (1989), por meio da racionalidade comunicativa seria possível compreender os modos como os sujeitos envolvidos em alguma ação se comportam, levando em conta a intencionalidade da consciência, a qual se expressa na linguagem; portanto, as ações dos sujeitos não devem ser entendidas e analisadas de forma exógena aos interesses de todos os componentes do grupo social. Essa melhor compreensão faria com que os sujeitos se envolvam na construção das reflexões ético-morais e na execução de suas premissas, pelo exercício pleno de seus direitos civis e pelo cumprimento de seus deveres sociais e políticos para com os demais atores do processo social.

Habermas (1989) propõe que essa recontextualização dos procedimentos argumentativos, em uma revisão dos preceitos éticos, ocorra pela busca do consenso entre os sujeitos de uma mesma sociedade. Ele considera ainda que esse consenso somente é atingido com a ampliação das condições de entendimento dos sujeitos sobre seus direitos legítimos e sobre seus reais deveres de cidadania, o que permite que as regras de argumentação sejam de domínio verdadeiramente comum. Essa capacidade de argumentação tem relação com a qualidade da educação ofertada aos sujeitos, entendida também como uma das responsabilidades da gestão pública, seja pela legislação educacional, seja pela disseminação de políticas públicas.

As possíveis e necessárias tensões existentes nessas práticas de envolvimento, participação e controle no que se refere à gestão pública por parte desses novos cidadãos ativos, entendidos como os novos sujeitos sociais, plenos de direitos civis e de deveres sociais, ampliariam as possibilidades de relações mais adequadas entre aqueles que exercem a função gestora pública e aqueles que a ela se vinculam, na condição de envolvidos e/ou beneficiados, ou, no dizer habermasiano, os concernentes (os gestores) e os concernidos (os beneficiários) da vida na pólis.

É importante observarmos que, quanto mais livres e conscientes essas ações forem, mais elas serão eticamente validadas. Assim, entendemos a importância de ressaltar a ilustre colaboração de Quintana (2014), ao frisar que intervenções devem ser executadas por sujeitos cada vez mais capazes de perseguir os diversos fins e de escolher os meios mais adequados para atingir o bem comum.

Consideramos que esses novos sujeitos da vida na pólis precisam ser preparados para agir conforme o sentimento de justiça e equidade, para cooperar na realização plena da atividade pública, refletindo e clarificando os limites ético-morais presentes e necessários nas condições em que se desenvolvem as ações administrativas da gestão da vida pública.

Essa melhoria no nível de entendimento sobre a gestão pública e seus impactos e consequências, como decorrência da melhoria do nível de educação e emancipação dos sujeitos envolvidos nas questões referentes à vida na pólis, sejam eles os concernentes, sejam eles os concernidos, beneficiaria a todos e levaria à efetivação de gestões públicas mais envolventes, participativas e verdadeiramente democráticas, de modo a serem alcançados os ideais de justiça, equidade e solidariedade que possibilitam a vida plena, humana e justa pela vivência dos princípios ético-morais fundamentais ao desenvolvimento de consciências livres e emancipadas.

Estudo de caso

Em um período de crise, de falta de empregos e de exôdo rural, a prefeitura municipal de uma cidade na Região Sul do país precisou contratar pessoas para trabalhos relacionados ao controle de uma epidemia de dengue, com riscos de contaminação de muitas pessoas, inclusive pelo zika vírus e pela febre chikungunya. As pessoas souberam dessa oportunidade e candidataram-se às vagas, sendo que, pela emergência, seria possível a dispensa de processo licitatório e de concurso público.

Em conversa com alguns colaboradores, o prefeito municipal disse que essa seria uma oportunidade ótima de contratar muitas pessoas e, assim, diminuir o desemprego. Aproveitaria também a ocasião para contratar os menos habilitados, pois, desse moso, faria o atendimento à população e resolveria também a questão eleitoral, podendo contratar muitos e pagar pouco.

Alguns colaboradores e funcionários de carreira quiseram contestar a decisão, mas o prefeito os ameaçou com a transferência para serviços mais distantes e menos qualificados, conseguindo que ficassem calados para que alcançasse seu intento.

1. Com base na análise do fato, como você se posicionaria? Ficaria calado ou denunciaria a forma desonesta com a qual o prefeito agiu, ferindo a ética da gestão pública e aproveitando-se de brechas na legislação? Justifique.

Síntese

No que se refere à responsabilidade social e às novas formas de governança, a gestão pública contemporânea precisa relacionar-se com princípios e práticas de sustentabilidade que permitam seguir premissas e preceitos de comportamentos ético-morais e, consequentemente, envolver os cidadãos, que necessitam estar atentos às formas de exercer essa mesma governança.

Considerando que a pergunta mobilizadora da ética é "Como agir perante os outros?", no tocante à liberdade e à responsabilidade do cidadão em face do desafio ético de ser partícipe das novas formas de governança na contemporaneidade, outorgando-lhes, assim, maior sustentabilidade, surge outro questionamento acerca do exercício fundamental da cidadania ativa: Qual deve ser a responsabilidade social dos cidadãos diante das novas formas de gestão dos bens públicos?

Portanto, quanto mais envolvente for a ação gestora da coisa pública, tanto maiores serão os benefícios decorrentes da participação ativa e de avaliações pertinentes com responsabilidades compartilhadas, que devem ser democrática e coletivamente desempenhadas pelos concernidos (os governados) em relação aos concernentes (os governantes). Com isso, todos os sujeitos que, de uma forma ou de outra, estejam vinculados aos contextos da gestão pública devem acompanhá-la e avaliá-la, bem como ser efetivamente beneficiados por uma gestão mais ética e legitimada pela aprovação da população, consciente de suas responsabilidades não apenas de eleger os governantes, mas de participar na gestão da vida pública.

Questões para revisão

1. Moreira (1993) afirma ser importante o entendimento da necessidade e da legitimidade de uma ação gestora pública que considere a avaliação e o controle (*accountability*) daqueles que dela participam. Eles devem ter conhecimento e capacidade de compreender as dimensões legais, normativas e valorativas envolvidas, além de perceber seus impactos e consequências presentes e futuros na vida das pessoas, dos grupos sociais e das sociedades. Com base no enunciado, assinale a alternativa correta:

a. A gestão pública não deve considerar as consequências presentes e futuras sobre aqueles que são atingidos e/ou beneficiados por suas ações.

b. As dimensões da administração pública são apenas legais e normativas.

c. A gestão pública é uma instância política, mas é também uma instância ético-moral e valorativa, pela possibilidade de avaliação e controle daqueles que dela participam direta ou indiretamente.

d. Não há necessidade de considerações éticas nas práticas da gestão pública.

e. Nenhuma das alternativas está correta.

2. Weber (1994), em sua magistral obra *A ética protestante e o espírito do capitalismo*, traz à tona a questão das duas concepções éticas a serem consideradas pelos sujeitos e pelas sociedades, a saber:

a. a ética negativa e a da desresponsabilização com a vida pública.

b. as diversas dimensões da gestão pública não implicam concepções éticas e valorativas.

c. uma ética da vida pública e uma ética da vida privada.

d. a ética das convicções e a ética das responsabilidades.

e. a ética das convicções pessoais e a ética de todos.

3. Quintana (2014) considera que as ações a serem efetivadas em prol do bem comum devem ser executadas por sujeitos cada vez mais capazes de perseguir os diversos fins e de escolher os meios mais adequados para tal, o que implica:

a. aumentar a dependência dos sujeitos em relação às determinações do Poder Público.

b. melhorar o nível de entendimento sobre a gestão pública, seus impactos e consequências, como decorrência da melhoria do nível de educação e emancipação dos sujeitos envolvidos nas questões referentes à vida na pólis.

c. entender que apenas os governantes (concernentes) têm o poder de determinar como devem agir os concernidos (governados).

d. considerar que os governantes (concernentes) sabem como se deve agir em relação à gestão pública, pois são mais preparados para isso.

e. fazer com que apenas os governantes tenham autonomia nas decisões e nas determinações do que deve ser feito para a população.

4. No que consiste o capital social de uma nação?

5. Considerando que para o exercício fundamental da cidadania ativa é importante saber qual deve ser a responsabilidade social dos cidadãos em face das novas formas de gestão dos bens públicos, descreva como você entende as novas formas de governo na gestão pública contemporânea.

Questão para reflexão

1. Quais são os três aspectos imprescindíveis à boa governança e à sustentabilidade de ações prioritárias para aumentar o capital social, entendido com fundamental à gestão pública?

Perguntas & respostas

1. Explique como pode ser mensurada a cidadania ativa e como esta pode contribuir para o aprimoramento da gestão pública.

   A cidadania ativa pode ser mensurada pelo nível de participação, controle e envolvimento da sociedade e das pessoas em práticas de acompanhamento dos atos e das ações da gestão da coisa pública. Ela pode contribuir muito para o aprimoramento da gestão pública à medida que esse nível de participação se torne mais organizado, consciente e corresponsável, mediante a avaliação, o controle e o acompanhamento dos resultados da gestão pública.

2. O estudo da gestão pública permite deduzir que a disposição da população em acompanhar os negócios do Estado e as ações da gestão pública, de modo envolvente e corresponsável, estimula o entendimento de que a participação social é fator de sustentabilidade ética. Com base no exposto, defina como isso pode contribuir para o exercício da cidadania ativa pela população.

   Em face das novas exigências de organização e participação social, é possível deduzir que o aumento da disposição da população em acompanhar e avaliar as práticas gestoras, estabelecendo premissas de accountability *sobre os negócios do Estado e das ações relacionadas à gestão pública, vem ao encontro das demandas e das necessidades de aprimorar a cidadania, tornando-a ativa de fato e, com isso, efetivando no campo prático, de modo envolvente e corresponsável, o entendimento de que essa participação é fator de sustentabilidade ética e de agregação de valores de cidadania ativa e de capacidade construtiva das pessoas e da população.*

Consultando a legislação

A consulta às legislações vigentes no país sempre é fonte de esclarecimento. Portanto, sugerimos a consulta da Constituição Federal:

BRASIL. Constituição (1988). **Diário Oficial da União**, Brasília, DF, 5 out. 1988. Disponível em: <http://www.planalto.gov.br/ccivil_03/Constituicao/Constituicao.htm>. Acesso em: 22 maio 2016.

Para saber mais

Entendendo a importância do tema tratado neste capítulo, se for de seu interesse aprofundar-se no assunto, sugerimos a leitura das seguintes obras:

BAZERMAN, M.; TENBRUNSEL, A. **Antiético, eu?** Descubra por que não somos tão éticos quanto pensamos e o que podemos fazer a respeito. Rio de Janeiro: Elsevier, 2011. (ver p. 101-126)

PIVATO, P. S. Ética da alteridade. In: OLIVEIRA, M. A. de (Org.). **Correntes fundamentais da ética contemporânea.** Petrópolis, RJ: Vozes, 2000. (ver p. 79-98)

Para concluir...

Apresentamos nossas considerações finais, à guisa de fechamento da presente obra, em conformidade com os objetivos que nos moveram e com a intenção precípua de possibilitar reflexões sobre um tema que se mostra atual e controverso e que precisa ser estudado e mais bem compreendido.

As ações dos gestores públicos no período contemporâneo devem estar em consonância com os objetivos que os movem. Tais ações devem estar relacionadas com as proposições atuais de uma boa governança e de um adequado atendimento às demandas da sociedade, que, de algum modo, precisa estar envolvida, não apenas como beneficiária e/ou usuária dos serviços públicos, mas como partícipe e avaliadora daquilo que cabe ao Estado oferecer.

Assim, entendendo os princípios ético-morais da cidadania ativa como imprescindíveis ao exercício da gestão da coisa pública, oferecemos também um rol de sugestões de leituras ao final de cada capítulo que podem contribuir para o aprofundamento dos conhecimentos sobre o assunto e para a resolução de dúvidas sobre questões referentes aos vários temas aqui aborddos.

Esperamos que as reflexões propostas tenham sido úteis a todos aqueles que se dedicam aos estudos na área e que se envolvem com a gestão pública em seus aspectos organizacionais, políticos, valorantes e, acima de tudo, éticos.

Referências

AGOSTINI, N. **Ética e evangelização:** a dinâmica da alteridade na recriação da moral. Petrópolis, RJ: Vozes, 1994.

ALCANTARA, S. A.; VENERAL, D. **Direito aplicado.** Curitiba: InterSaberes, 2015.

ALENCASTRO, M. S. C. **Ética empresarial na prática.** Curitiba: Ibpex, 2010.

ARANHA, M. L. de A. **Filosofia da educação.** 2. ed. São Paulo: Moderna, 1996.

ARISTÓTELES. **Ética a Nicômaco.** São Paulo: Nova Cultural, 1991a.

_____. **A política.** 15. ed. São Paulo: Escala, 1991b.

_____. **Metafísica.** São Paulo: Nova Cultural, 1994.

ARRUDA, M. C. C. de et al. **Fundamentos de ética empresarial e econômica.** 4. ed. São Paulo: Atlas, 2009.

ASHLEY, P. et al. **Ética e responsabilidade social nos negócios.** São Paulo: Saraiva, 2005.

BAZERMAN, M. H.; TENBRUNSEL, A. E. **Antiético, eu?** Descubra por que não somos tão éticos quanto pensamos e o que podemos fazer a respeito. Rio de Janeiro: Elsevier, 2011.

BEOZZO, J. O. (Org.). **Por uma ética da liberdade e da libertação.** São Paulo: Paulus, 1996.

BERNARDES, C. **Teoria geral da administração:** a análise integrada das organizações. 2. ed . São Paulo: Atlas, 2005.

BERNARDI, J. A. **Organização municipal e a política urbana.** Curitiba: Intersaberes, 2012.

BITTAR, E. C. B. **Curso de filosofia política.** São Paulo: Atlas, 2007.

BITTAR, E. C. B.; ALMEIDA, A. G. **Curso de filosofia do direito.** São Paulo: Atlas, 2007.

BRASIL. Constituição. (1988). **Diário Oficial da União**, Brasília, DF, 5 out. 1988. Disponível em: <http://www.planalto.gov.br/ccivil_03/Constituicao/Constituicao.htm>. Acesso em: 22 maio 2016.

BRASIL. Constituição (1988). Emenda Constitucional n. 19, de 4 de junho de 1998. **Diário Oficial da União**, Poder Legislativo, Brasília, DF, 5 jun. 1998. Disponível em: <http://www.planalto.gov.br/ccivil_03/Constituicao/Emendas/Emc/emc19.htm>. Acesso em: 22 maio 2016.

_____. Lei n. 7.347, de 24 de julho de 1985. **Diário Oficial da União**, Poder Legislativo, Brasília, DF, 25 jul. 1985. Disponível em: <http://www.planalto.gov.br/ccivil_03/Leis/L7347orig.htm>. Acesso em: 22 maio 2016.

_____. Lei n. 8.112, de 11 de dezembro de 1990. **Diário Oficial da União**, Poder Legislativo, Brasília, DF, 12 dez. 1990. Disponível em: <http://www.planalto.gov.br/ccivil_03/LEIS/L8112cons.htm>. Acesso em: 22 maio 2016.

_____. Lei n. 8.429, de 2 de junho de 1992. **Diário Oficial da União**, Poder Legislativo, Brasília, DF, 3 jun. 1992. Disponível em: <http://www.planalto.gov.br/ccivil_03/LEIS/L8429.htm>. Acesso em: 22 maio 2016.

_____. Lei n. 9.784, de 29 de janeiro de 1999. **Diário Oficial da União**, Poder Legislativo, Brasília, DF, 1 fev. 1999. Disponível em: <http://www.planalto.gov.br/ccivil_03/LEIS/L9784.htm>. Acesso em: 22 maio 2016.

_____. Lei n. 12.527, de 18 de novembro de 2011. **Diário Oficial da União**, Poder Legislativo, Brasília, DF, 18 nov. 2011. Disponível em: <http://www.planalto.gov.br/ccivil_03/_ato2011-2014/2011/lei/l12527.htm>. Acesso em: 22 maio 2016.

_____. Lei Complementar n. 101, de 4 de maio de 2000. **Diário Oficial da União**, Poder Legislativo, Brasília, DF, 5 maio 2000. Disponível em: <http://www.planalto.gov.br/ccivil_03/Leis/LCP/Lcp101.htm>. Acesso em: 22 maio 2016.

_____. Lei Complementar n. 131, de 27 de maio de 2009. **Diário Oficial União**, Poder Legislativo, Brasília, DF, 28 maio 2009. Disponível em: <http://www.planalto.gov.br/ccivil_03/Leis/LCP/Lcp131.htm>. Acesso em: 22 maio 2016.

BRASIL. Ministério da Transparência, Fiscalização e Controle. **O Programa**. Disponível em: <http://www.cgu.gov.br/assuntos/transparencia-publica/brasil-transparente/o-programa>. Acesso em: 22 maio 2016.

BRASIL. Presidência da República. Controladoria-Geral da União. Portaria n. 277, de 7 de fevereiro de 2013. **Diário Oficial da União**, Brasília, DF, 8 fev. 2013. Disponível em: <http://www.cgu.gov.br/sobre/legislacao/arquivos/portarias/portaria_cgu_277_2013-1.pdf>. Acesso em: 22 maio 2016.

BUARQUE, C. **A revolução nas prioridades:** da modernidade técnica à modernidade ética. Rio de Janeiro: Paz e Terra, 1991.

BUARQUE, C. **Da ética à ética:** minhas dúvidas sobre a ciência econômica. Curitiba: Ibpex, 2012.

BUBER, M. **Eu e tu.** Rio de Janeiro: Centauro, 1955.

_____. **Lê problème de l'homme.** Paris: Gallimard, 1960.

BUZZI, A. **Filosofia para principiantes:** a existência humana no mundo. Petrópolis, RJ: Vozes, 1991.

CAMPOS, A.; BARSANO, P. R. **Administração.** Guia prático e didático. São Paulo: Érica, 2013.

CENCI, A. V. **O que é ética?** Elementos em torno de uma ética geral. 2. ed. Passo Fundo, RS: A.V.C., 1996.

CHAUI, M. **Convite à filosofia.** 4. ed. São Paulo: Ática, 2001.

_____. **Cultura e democracia.** 6 ed. São Paulo: Cortez, 1997.

_____. Público, privado, despotismo. In: NOVAES, A. (Org.). **Ética.** São Paulo: Companhia das Letras, 1992. p. 345-390.

CORBISIER. R. **Filosofia política e liberdade.** 2. ed. Rio de Janeiro: Paz e Terra, 1978.

_____. **Introdução à filosofia.** Rio de Janeiro: Civilização Brasileira, 1986. Tomo I.

COTRIM, G. **Educação para uma escola democrática:** história e filosofia da educação. 2. ed. São Paulo: Saraiva, 1989.

CRETELLA JÚNIOR, J. **Manual de direito administrativo.** 5. ed. Rio de Janeiro: Forense, 2004.

CRUZ, S. F. **Meandros da cidadania:** conceitos e perspectivas. Dissertação (Mestrado em Administração) – Universidade Federal de Pernambuco, Recife, 2006.

CUNHA, P. D'O. da. **Ética e educação.** Lisboa: Universidade Católica, 1996.

DI PIETRO, M. S. Z. **Direito administrativo.** 18. ed. São Paulo: Atlas, 2005.

_____. **Direito administrativo.** 25. ed. São Paulo: Atlas, 2012.

FELIPE, S. Rawls: uma teoria ético-política da justiça. In: OLIVEIRA, M. A. de. **Correntes fundamentais da ética contemporânea.** Petrópolis, RJ: Vozes, 2000. p. 133-162

FIGUEIRÊDO, C. M. C. Ética na gestão pública e exercício da cidadania: o papel dos Tribunais de Contas Brasileiros como agências de accountability – o caso do Tribunal de Contas de Pernambuco. In: CONGRESO INTERNACIONAL DEL CLAD SOBRE LA REFORMA DEL ESTADO Y DE

LA ADMINISTRACIÓN PÚBLICA, 7., 2002, Lisboa. **Anais...** Lisboa: CLAD, 2002. Disponível em: <http://unpan1.un.org/intradoc/groups/public/documents/CLAD/clad0044116.pdf>. Acesso em: 26 dez. 2015.

FREIRE, P. **Pedagogia da autonomia.** 25. ed. São Paulo: IPF/Cortez, 2005.

FREITAG, B. **Itinerários de Antígona:** a questão da moralidade. 2. ed. Campinas, SP: Papirus, 1997.

GALVÃO, A. M. **A crise da ética:** o neoliberalismo como causa da exclusão social. Petrópolis, RJ: Vozes, 1997.

_____. **Ética cristã e compromisso político.** São Paulo: AM Edições, 1996.

GASPARINI, D. **Direito administrativo.** 8. ed. São Paulo: Saraiva, 2003.

GIANNOTTI, J. A. Moralidade pública e moralidade privada. In: NOVAES, A. (Org.). **Ética.** São Paulo: Companhia das Letras, 1992. p. 239-245.

GILES T. R. **O que é filosofar?** 3. ed. São Paulo: EPU, 1984.

_____. **Introdução à filosofia.** São Paulo: EDU-Edusp, 1979.

HABERMAS, J. **Consciência moral e agir comunicativo.** Rio de Janeiro: Tempo Brasileiro, 1989.

_____. **Mudança estrutural da esfera pública.** Rio de janeiro: Tempo Brasileiro, 2003.

HEIDEGGER, M. **Ser e tempo.** São Paulo: Abril Cultural, 1979.

HEGEL, G. F. **Fenomenologia do espírito.** São Paulo: Abril Cultural, 1999.

HESSEN, J. **Filosofia dos valores.** Coimbra: Armênio Amado, 1980.

JAEGER, W. **Paidéia:** a formação do homem grego. São Paulo: Cortez, 2000.

JAPIASSÚ, H.; MARCONDES, D. **Dicionário básico de filosofia.** Rio de Janeiro: J. Zahar, 1990.

JONAS, H. **O princípio da responsabilidade:** uma ética para a civilização tecnológica. Rio de Janeiro: Contraponto/PUC-RJ, 2006.

IMBERT, F. **A questão da ética no campo educativo.** Petrópolis, RJ: Vozes, 1987.

KANT, E. **Crítica da razão prática.** São Paulo: Abril Cultural, 2008.

KIERKEGAARD, S. **Tremor e temor.** São Paulo: Abril Cultural, 1979.

LARA, T. A. **Introdução à filosofia.** São Paulo: Brasiliense, 1989.

LADRIÉRE, J. **Ética e pensamento científico.** Rio de Janeiro: Letras e Letras, 1995.

LÉVINAS, E. **Humanismo do outro homem.** Rio de Janeiro: M. Fontes, 1972.

LIMA VAZ, H. **Ética e racionalidade moderna.** São Paulo: Loyola, 1988.

LOPES, M. A. R. **Ética na administração pública.** São Paulo: Revista dos Tribunais, 1993.

MACHADO, A. **Proverbios y cantares.** Madrid: Espasa-Calpe, 1983.

MACHADO FILHO, C. P. **Responsabilidade social e governança:** o debate e as implicações. São Paulo: Pioneira; Tomphson Learning, 2009.

MARCEL, G. **Os homens contra o homem.** Porto, Educação Nacional, 2000.

_____. **O mistério do ser.** Rio de Janeiro: M. Fontes, 1955.

_____. **L'existencialisme.** Paris: Presse Universitaire, 1947.

MARTINS, F. M.; SILVA, J. M. **Para navegar no século XXI.** Porto Alegre: EDIPUCRS; Sulina, 1999.

MARTINS, S. P. **Direito do trabalho.** 19. ed. São Paulo: Atlas, 2004.

MARX, K.; ENGELS, F. **O manifesto comunista.** São Paulo: Abril Cultural; Cortez, 1971.

MARX, K. **O capital.** São Paulo: Abril Cultural, 1998.

_____. **A ideologia alemã.** 2. ed. Rio de Janeiro: Civilização Brasileira, 1979.

MATOS, F. G. de. **Ética na gestão empresarial.** 2. ed. São Paulo: Saraiva, 2011.

MEIRELLES, H. L. **Direito administrativo brasileiro.** 41. ed. São Paulo: Malheiros, 2015.

MILL, J. S. **Considerações sobre o governo representativo.** Tradução de Manoel Inocêncio de Lacerda Santos Junior. Brasília: Ed. da UnB, 1981.

MIRSHAWKA, V. **A luta pela qualidade na administração pública com ênfase na gestão municipal.** São Paulo: DVS, 2014. v. 1.

MONTESQUIEU, C. L. de S. **O espírito das leis.** São Paulo: Brasiliense, 1999.

MONTORO FILHO, A. F. **Corrupção, ética e economia:** reflexões sobre a ética concorrencial em economias de mercado. Rio de Janeiro: Elsevier, 2012.

MOREIRA, J. M. **A ética empresarial no Brasil.** São Paulo: Pioneira, 1993.

MORIN, E. **Introdução ao pensamento complexo.** Lisboa: Instituto Piaget, 2000.

_____. **O desafio do século XXI:** religar os conhecimentos. Lisboa: Instituto Piaget, 1999.

MORIN, E. **X da questão:** o sujeito à flor da pele. Porto Alegre: Artmed, 2003.

MOTA, F. C. P. **Teoria geral da administração.** 2. ed. São Paulo: Pioneira, 1998.

MOUNIER, E. **O personalismo.** 17 ed. Lisboa: Edições Texto & Grafia, 2010.

NOVAES, A. (Org.). **Ética.** São Paulo: Companhia das Letras, 1992.

OLIVEIRA, M. A de. **Ética e práxis histórica.** São Paulo: Ática, 1995.

_____. **Ética e sociabilidade.** São Paulo: Loyola, 2000.

OLIVEIRA, M. A. de. Ética intencionalista-teleológica em Vittorio Hösle. In: _____. (Org.). **Correntes fundamentais da ética contemporânea.** Petrópolis, RJ: Vozes, 2000b. p. 235-255.

PANDOLFI, D. C. et al. **Cidadania, justiça e violência.** Rio de Janeiro: Ed. da FGV, 1999.

PLATÃO. **A República.** São Paulo: Abril, 2004.

_____. **Apologia de Sócrates.** São Paulo: Ediouro, [S.d.].

PIZZI, J. **A ética do discurso:** a racionalidade ético-comunicativa. Porto Alegre, RS: EDIPUCRS, 1999.

PUIG, J. M. **A construção da personalidade moral.** São Paulo: Ática, 1998.

QUINTANA, F. **Ética e política:** da Antiguidade Clássica à contemporaneidade. São Paulo: Atlas, 2014.

RAUBER, J. J. **O problema da universalização da ética.** Porto Alegre, RS: EDIPUCRS, 1999.

RAWLS, J. **Ética da justiça.** 5. ed. Rio de Janeiro: M. Fontes, 1971.

_____. **Uma teoria da justiça.** 2. ed. Rio de Janeiro: M. Fontes, 1990.

REALE JÚNIOR, M. **Manual de direito constitucional.** São Paulo: Malheiros, 2004.

RIBEIRO, R. J. O retorno ao bom governo. In: NOVAES, A. (Org.). **Ética.** São Paulo: Companhia das Letras, 1992. p. 101-111.

RICOEUR, P. **O si mesmo como outro.** São Paulo: Espaço do Livro, 2014.

RIOS, T. A. **Ética e competência.** 2. ed. São Paulo: Cortez, 1994.

RODRIGUES, Z. A. L. **Ética, cidadania e responsabilidade social nas instituições educativas.** Curitiba: Camões, 2008.

_____. **Filosofia, educação, ética e cidadania:** a dimensão evolutiva do conhecimento. Florianópolis: Elberth, 1999.

RODRIGUES, Z. A. L. **Ciência, filosofia e conhecimento**. Leituras Paradigmáticas. 2. ed. Florianópolis: Elberth, 2004.

_____. **Estatutos de PO+ética para crianças**. Florianópolis: Elberth, PMF; SME-DEF/MEC-FNDE-Unesco, 2002.

ROUSSEAU, J.-J. **Discurso sobre a origem e os fundamentos da desigualdade entre os homens**. (Segundo Discurso). São Paulo: Abril Cultural, 1973.

ROSA, M. F. E. **Direito administrativo**. 5. ed. São Paulo: Saraiva, 2003.

RUSS, J. **Pensamento ético contemporâneo**. São Paulo: Paulus, 1999.

SÁ, A. L. de. **Ética profissional**. 2. ed. São Paulo: Atlas, 1998.

SANTO AGOSTINHO. **A cidade de Deus**. Tradução de J. Dias Pereira. Lisboa: Fundação Calouste Gulbenkian, 2000. v. II.

_____. **Confissões**. Tradução de "Vida e obra" por José Américo Motta Pessanha. São Paulo: Nova Cultural, 1999. (Coleção Os Pensadores).

SANTO TOMÁS DE AQUINO. **Suma teológica**. São Paulo: Abril Cultural, 1990.

SANTOS, A. R. **Ética**: caminhos da realização humana. São Paulo: Ave Maria, 1997.

SANTOS, B. de S. **Um discurso sobre as ciências**. Lisboa: Edições 70, 1977.

SARTRE, J. P. **O ser e o nada**. Petrópolis, RJ: Vozes, 1973.

_____. **O existencialismo é um humanismo**. São Paulo: Abril, 1973. (Coleção Os Pensadores).

SECCHI, L. Modelos organizacionais e reformas na administração pública. **Revista de Administração Pública – RAP**, Rio de Janeiro, v. 43, n. 2, p. 347-369, mar./abr. 2009. Disponível em: <http://www.scielo.br/pdf/rap/v43n2/v43n2a04.pdf>. Acesso em: 22 maio 2016.

SEVERINO, A. J. **Filosofia da educação**: construindo a cidadania. São Paulo: FTD, 1994.

SILVA, S. A. I. **Valores em educação**. 3. ed. Petrópolis, RJ: Vozes, 1995.

SOUZA, C. A nova gestão pública. In: MACHADO, A. et al. **Gestão pública**: desafios e perspectivas. Salvador: Flem, 2001. p. 38-62. Disponível em: <http://edital.flem.org.br/paginas/cadernosflem/pdfs/CadernosFLEM1-VersaoCompleta.pdf>. Acesso em: 22 maio 2016.

STUKART, H. L. **Ética e corrupção**. São Paulo: Nobel, 2003.

TURIEL, E. **The Development of Social Knowledge Morality and Convention**. Cambridge: Cambridge University Press, 1983.

VALS, A. M. **O que é ética**. 6. ed. São Paulo: Brasiliense, 2006.

VASCONCELOS, E. A. **Instrumentos de defesa da cidadania na nova ordem constitucional**: controle da administração pública. Rio de Janeiro: Forense, 1993.

VÁZQUEZ, A. S. **Ética**. 9. ed. Rio de Janeiro: Civilização Brasileira, 1986.

_____. **Filosofia da práxis**. 2. ed. Rio de Janeiro: Civilização Brasileira, 1977.

WEBER, M. **A ética protestante e o espírito do capitalismo**. São Paulo: Pioneira, 1994.

WEFFORT, F. C. (Org). **Os clássicos da política**. 10. ed. São Paulo: Ática, 2000.

WEIL, P. **A nova ética**: na política, na empresa, na religião, na ciência, na vida privada e em todas as outras instâncias. Rio de Janeiro: Rosa dos Tempos, 1993.

_____. **Organizações e tecnologias para o terceiro milênio**: a nova cultura organizacional holística. 3. ed. Rio de Janeiro: Rosa dos Tempos, 1993.

Respostas

Capítulo 1

Questões para revisão

1. c
2. F, F, V, F, F
3. b
4. Resposta pessoal.
5. Resposta pessoal.

Questão para reflexão

1. Resposta pessoal.

Capítulo 2

Questões para revisão

1. c
2. d
3. e
4. Os períodos do desenvolvimento do pensamento ético na sociedade ocidental são: a Antiguidade Clássica (grega), o período medieval e o período moderno, além do período contemporâneo. Em cada um desses períodos ocorreram justificações para embasar as teorias filosóficas vigentes, com base nos princípios e valores que as fundamentaram. Na sociedade clássica, a ética definia-se pela ação política dos sujeitos, que

se baseavam nos valores da vida pública. No período medieval, a fundamentação ética ocorria por valores externos ao homem, valorizando-se os aspectos metafísicos e transcendentes e desresponsabilizando os sujeitos quanto aos resultados e às consequências de suas ações. O período moderno centram-se no homem e em sua individualidade e subjetividade, sendo os valores éticos dependentes de suas vontades individuais e de seus constructos e interesses pessoais.

5. Certamente, entre os princípios ético-morais apresentados no Capítulo 2, aquele que melhor se relaciona com o momento histórico em que vivemos tem suas raízes na individualidade e na vontade humanas, privilegiando-se os interesses individuais e os valores que lhes dão sustentação.

Questão para reflexão

1. Com base nos estudos realizados, podemos afirmar que o período moderno, apesar de todos os avanços e conquistas nos campos científico, tecnológico e comunicacional e de ter trazido inúmeras possibilidades aos sujeitos, revela-se como altamente deficitário em suas formas de organização e gestão de seus próprios constructos sociopolíticos e culturais, deixando a desejar no tocante à solução para seus inúmeros dilemas de ordem ético-moral, que surgem como desafios complexos que o sujeito moderno lega a si próprio, à sociedade e aos grupos sociais. Sua característica fundamental é a individualidade, e os aspectos mais valorizados são relacionados aos interesses pessoais, em detrimento dos interesses coletivos.

Capítulo 3

Questões para revisão

1. d
2. e
3. b
4. No período contemporâneo, complexo, inovador e altamente tecnológico, surgem alguns aspectos fundantes e básicos para a reflexão ética, destacando-se aqueles enfocados pela ética existencialista, pela ética da ação comunicativa, pela ética da alteridade e da transcendência religiosa, pela ética da responsabilidade da civilização tecnológica e pela ética da justiça, cujas bases teóricas se voltam às ações do mundo humano e suas consequências e ao seu desenvolvimento prático e contextual por meio de seus valores de sustentação.
5. Resposta pessoal.

Questão para reflexão

1. A teoria personalista cristã de Mounier (2010) é existencialmente situada e permeada por valores humanos, convocando os indivíduos para que juntos se engajem na realização de uma revolução personalista comunitária (RPC), na qual devem fazer-se presentes uma humanidade revitalizada e uma ordem social na qual desabrochem os valores da pessoa humana em plenitude, com uma espécie de despertar individual e comunitário, no qual seja possível aos sujeitos repensar a si mesmos e a sociedade em que vivem. Em uma análise sobre as situações vitais, o ser humano está sempre em conflito consigo ou com o outro e, ao problematizar suas dificuldades, dúvidas e contingências, necessita, conforme propõe Mounier, constituir-se humano. Dois caminhos se apresentam para tanto: o da experiência do desespero, da angústia, da solidão e o da experiência da comunicação, do diálogo, do amor. Está posta aí a questão fulcral de sua ética existencialista: a capacidade de opção livre e consciente do indivíduo entre a degradação, o desespero e a angústia, de um lado, e o encontro, a convivência e a intersubjetividade, de outro.

Capítulo 4

Questões para revisão

1. d

2. c

3. d

4. Conforme o art. 37 da Constituição Federal (Brasil, 1988). A administração pública direta e indireta de qualquer dos Poderes da União, dos Estados, do Distrito Federal e dos Municípios obedecerá aos princípios de legalidade, impessoalidade, moralidade, publicidade e eficiência [...]". Entendemos que, por meio deles, a gestão pública tem respaldo para efetivar práticas de boa governança e de moralidade administrativa.

5. O princípio da eficiência foi anexado pela Emenda Constitucional n. 19, de 4 de junho de 1998 (Brasil, 1998) como mais um ponto basilar para nortear a conduta do gestor público em todas as suas instâncias e esferas administrativas (federal, estadual e municipal), princípio este que se conjuga com os demais, sendo evidente e inerente sua importância no desenvolvimento da gestão pública. Com o acréscimo desse princípio, impõe-se à administração pública, direta e/ou indireta, nos três níveis de governança, a obrigação de executar suas atribuições observando regras de boa gestão, com eficiência e com o dever de buscar fazê-lo com perfeição, idoneidade e rapidez, maximizando os resultados positivos e minimizando os impactos negativos da gestão na coletividade e os desperdícios de tempo e de recursos.

Questão para reflexão

1. A Lei de Acesso à Informação abrange órgãos e entidades da esfera pública e de todos os poderes e entes da federação, aplicando-se também às entidades privadas sem fins lucrativos que recebam recursos públicos. Uma das premissas fundamentais dessa lei é a de que o acesso à informação deve ser a regra, considerando-se as exceções previstas na Constituição Federal de 1988. Assim, toda e qualquer informação gerada por entidades e órgãos públicos que não seja de caráter sigiloso (definido em nome da segurança nacional) deve ser acessível a todos os cidadãos que por ela tenham e demonstrem qualquer nível de interesse. A referida lei traz definições quanto à responsabilidade de servidores civis e militares e de terceiros, com oito novas condutas ilícitas, aplicáveis também a militares, e definindo a penalidade mínima de suspensão e a penalidade disciplinar, que pode ser cumulada com processo civil por improbidade administrativa. Portanto, refere-se aos preceitos da cidadania ativa, na qual a participação, o envolvimento, a avaliação e o controle social voltados às ações da gestão pública devem avaliar as novas formas de representação e os novos sujeitos sociais, plenos de seus direitos e de seus deveres em face da sociedade e da ação pública.

Capítulo 5

Questões para revisão

1. c
2. d
3. b
4. O capital social de um povo e/ou uma nação pode ser entendido, juntamente com os fatores de produção, os recursos naturais, o capital físico e a tecnologia, como fator de boa governança e sustentabilidade social. Esses fatores são imprescindíveis ao desenvolvimento e ao progresso social e moral de sociedades e nações no período contemporâneo, e, por causa de sua complexidade e das céleres transformações tecnológicas, comportamentais e atitudinais, exigem que se consubstanciem boas práticas de governança e de cidadania ativa. Tais práticas se expressam nas diferentes formas adotadas pelos membros de uma comunidade que lhes permitem conviver e cooperar para a consecução dos objetivos comuns ou a realização de atividades compartilhadas que visem ao benefício das pessoas e ao despertar de confiança mútua e equanimidade, agindo-se também em prol do desenvolvimento socioprodutivo.
5. Resposta pessoal.

Questão para reflexão

1. Conforme Montoro Filho (2012), são três os aspectos imprescindíveis a uma boa gestão pública: 1) a conscientização da opinião pública sobre a importância dos comportamentos e das ações com base ética, que permitem tratar com transparência a informação destinada à população sobre as ações do agente e do governante públicos; 2) a redução de tendências às transgressões com o acatamento de sugestões e colaborações por parte da população, com a consequente ampliação da avaliação e do controle sobre o desempenho do agente público, diminuindo-se também os procedimentos burocráticos: 3) ampliação e o aprimoramento dos mecanismos democráticos, com a prevenção e a punição dos desvios, da corrupção e da impunidade como fatores preponderantes para o aumento da qualidade na oferta dos serviços públicos à população.

✦ ✦ ✦

Sobre a autora

Zita Ana Lago Rodrigues é licenciada em Filosofia pela Faculdade de Ciências e Letras de Palmas (Fafi), especialista em Ética e Filosofia Política pela Universidade Federal do Paraná (UFPR) e em Metodologia da Educação a Distância pelas Faculdades Integradas Camões. É também mestre em Educação pela Universidade Regional de Blumenau (Furb), doutora e Ph.D. pela Wisconsin International University (WIU-EUA). Atualmente, é doutoranda em Gestão na Universidad Nacional de Misiones (Unam/Argentina), professora universitária e palestrante nas áreas educacional e filosófica, com atuação em todos os estados brasileiros. Além disso, é membro do Comitê de Ética em Pesquisa, do Centro Universitário Internacional, Uninter, e autora de cerca de 40 artigos científicos e de 13 livros, entre eles: *Ética, cidadania e responsabilidade social nas instituições educativas* (2008); *Filosofia, antropologia e educação: a dimensão evolutiva do conhecimento* (2009); *Paradigmas educacionais e educação inclusiva* (2013). Atua também como avaliadora de trabalhos acadêmicos em cursos de especialização *lato sensu* nas áreas educacional e gestão pública e é consultora nas áreas de educação e gestão na Editora Positivo – Sistema Aprende Brasil.

Os papéis utilizados neste livro, certificados por instituições ambientais competentes, são recicláveis, provenientes de fontes renováveis e, portanto, um meio responsável e natural de informação e conhecimento.

Impressão: Maxigráfica
Agosto / 2016